★ DIE LUXEMBURG-CONNECTION ★

★ RET MARUT / B. TRAVEN, POL MICHELS UND GUST. VAN WERVEKE ★

Satz, Layout und Buchdesign: rose de claire, design
Druck: Imprimerie Centrale

Centre national de littérature
Maison Servais/Mersch/Luxembourg
2, rue Emmanuel Servais
L-7565 Mersch
Tél. : (352) 32 69 55-1
Fax : (352) 32 70 90
e-mail : info@literaturarchiv.lu
www.cnl.public.lu

Ausstellung: "Ich bin nichts als ein Ergebnis der Zeit". Das Rätsel B. Traven

Leihgeber: Heinrich-Heine-Institut Düsseldorf; Theatermuseum Düsseldorf;
Privatsammlung Wolf-Dietrich Schramm, Lübeck; Privatsammlung Gast Mannes, Luxemburg.
Kuratoren: Jan-Christoph Hauschild (Heinrich-Heine-Institut) und Michael Matzigkeit (Theatermuseum Düsseldorf)
unter Mitarbeit von Wolf-Dietrich Schramm und Gast Mannes.
Projektkoordination: Claude D. Conter.

13.06. – 06.11.2013
Öffnungszeiten / heures d'ouverture:
Montag-Freitag / lundi-vendredi: 10.00-17.00 heures
Führungen nach Vereinbarung / visites guidées sur demande

ISBN: 978-2-919903-32-0

Centre national de littérature
M E R S C H
Lëtzebuerger Literaturarchiv

GAST MANNES

DIE LUXEMBURG CONNECTION

RET MARUT / B.TRAVEN
POL MICHELS UND GUST. VAN WERVEKE

★ CENTRE NATIONAL DE LITTÉRATURE MERSCH ★

2013

NAME IST SCHALL UND RAUCH[1]

Er war für lange Zeit eine Art Phantom und der bekannteste unbekannte Schriftsteller der Weltliteratur. Er wurde als größtes literarisches Geheimnis des vergangenen Jahrhunderts bezeichnet. Und er war vor allem ein Pseudonym: B. Traven, ein Deckname, der selbst sich auf- und ablöste in einer Reihe von Ausformungen, Abfolgen und Synchronien: Ret Marut, Richard Maurhut, Tutsch, Barker, Barbick Traven, Traven Torsvan, Hal Croves, Bernard Traven Torsvan, Berick Traven Torsvan, Torsvan Croves, Hal Croves.[2]

1. | Ret Marut. Photographie. Um 1910.

Nach Stationen als Geschäftsführer der Gelsenkirchener Verwaltungsstelle des Deutschen Metallarbeiterverbandes und als Schauspieler an verschiedenen deutschen Bühnen, u.a. in Danzig und Düsseldorf, entwickelte er in München unter dem Namen Ret Marut erste literarische Aktivitäten als Herausgeber der individual-anarchistischen Zeitschrift *Der Ziegelbrenner,*[3] die im Ersten Weltkrieg für Pazifismus und Völkerverständigung eintrat, und knüpfte Freundschaft u.a. mit Erich Mühsam, Kurt Eisner und Gustav Landauer. 1919 war Marut in der Münchener Räterepublik Mitglied des revolutionären Propaganda-Ausschusses und amtierte als Chefzensor in der Presseabteilung. Als am 1. Mai die Herrschaft der Räterepublik von Regierungstruppen und Freikorpsverbänden niedergeschlagen wurde, kam es zur Verhaftung Ret Maruts als Rädelsführer. Kurz vor seiner Verurteilung durch ein Feldgericht gelang ihm die Flucht, die ihn 1923 nach wechselnden Stationen im Untergrund, u.a. in Köln und im Eifeldorf Simonskall in einer Künstlerkolonie um den Maler Franz Wilhelm Seiwert, über England nach Mexiko führte, wo er 1924 auftauchte. Zwischen 1925 und 1940 veröffentlichte er von dort aus unter dem Namen B. Traven Kurzgeschichten, Aufsätze, einen ethnographischen Bericht, einen Erzählband und elf sozialkritische Abenteuerromane, die zum größten Teil in den mexikanischen Bundesstaaten Chiapas, Tamaulipas und Vera Cruz spielen, darunter *Das Totenschiff, Die Brücke im Dschungel, Der Schatz der Sierra Madre,* verfilmt von John Huston, mit Humphrey Bogart in der Hauptrolle, und der sechsteilige *Caoba*-Zyklus über das Elend und die Rebellion indianischer Holzarbeiter in Mexiko. Übersetzt in mehr als vierundzwanzig Sprachen, erreichten Travens Bücher eine Gesamtauflage von über 30 Millionen Exemplaren. B. Traven starb am 26. März 1969 in Mexiko-City. Seine Asche wurde testamentarischer Verfügung gemäß in weiser Voraussicht über dem mexikanischen Bundesstaat Chiapas von einem Flugzeug aus verstreut.[4]

Grundsatz B. Travens war, dass nur das Werk den kreativen Menschen ausmache, nicht aber seine Biografie. Keines der von ihm gewählten Pseudonyme verweist auf eine reale Existenz. Zumindest was seine Person betrifft, entsprach B. Traven dem Diktum André Bretons: „Il est inadmissible qu'un homme laisse une trace de son passage sur la terre."[5] Der Wunsch nach Anonymität war für Marut aber nicht nur eine Frage der Überzeugung, sondern wohl auch machtanalytisch begründet, im Sinne der Verweigerung jeglicher Verfügungsgewalt von Seiten aller wie auch immer begründeten staatlichen Institutionen.[6] Travens anarchistischem Ideal nach war „Trotz" gegen jede Regierung geboten, denn der „Einzel-Mensch" war für ihn immer wichtiger als der „Staat".

Es verwundert nicht, dass eine solche Existenz eine Reihe von „Travenologen" auf den Plan rief, darunter den Literaturwissenschaftler Rolf Recknagel, den *Stern*-Reporter Gerd Heidemann und den amerikanischen Germanisten Karl S. Guthke, die alle sich an ihm abarbeiteten, zumal B. Traven selbst tatkräftig mit Hilfe von Deckadressen und Postschließfächern und durch Desinformation, Falschinformation, Selbstinszenierung und Selbstrenommisterei die Mystifikation und Mythenbildung zu Person und Werk befeuerte. Im Verlauf dieses Versteckspiels wurden immer neue sogenannte Enthüllungen und immer aberwitzigere Herkunftshypothesen aufgestellt, bis als erster der englische Fernsehjournalist und leitende BBC-Mitarbeiter Will Wyatt[7] und in seiner Nachfolge der Literaturwissenschaftler und Mitarbeiter des Heinrich-Heine-Instituts in Düsseldorf Jan-Christoph Hauschild[8] durch akribische Spuren- und Faktensuche zur Lösung des Rätsels gelangten. Hinter all den Pseudonymen versteckt sich Hermann Albert Otto Maximilian Feige aus Schwiebus in der preußischen Provinz Brandenburg, dem Świebodzin im heutigen Polen, Sohn eines Töpfers und einer Fabrikarbeiterin, geboren am 23. Februar 1882, ein Vierteljahr vor der Eheschließung seiner Eltern, und aufgewachsen bei den Großeltern, im weiteren Leben u.a. Gewerkschaftssekretär mit Bildungs- und Kulturarbeit in Gelsenkirchen, später Theaterschauspieler und Regisseur in Essen und Düsseldorf, dann Herausgeber einer legendären Zeitschrift in München und schließlich proletarischer Schriftsteller von Weltruhm in Mexiko.

Mit Luxemburg verbindet Ret Marut seine Bekanntschaft in den Jahren 1917 bis 1919 mit zwei Studenten, Pol Michels[9] und Gust. van Werveke,[10] die in München immatrikuliert waren und sich literarisch, politisch, gesellschaftlich und ideologisch mit dem Herausgeber des *Ziegelbrenner* in Übereinstimmung fühlten. An seinem Weg zum Erfolgsschriftsteller B. Traven sollten sie indes keinen Anteil mehr nehmen.[11]

Gust VAN WERVEKE
Président de 1923—1924

2. | Félix Glatz: Gust. van Werveke. Zeichnung. Luxemburg 1933.

3. | Auguste Trémont: Pol Michels. Aquarell. Luxemburg 1917.

DER ERSTE WELTKRIEG UND DIE LAGE DER LUXEMBURGISCHEN STUDENTEN

Am 2. August 1914 brach auch über das Großherzogtum Luxemburg der Erste Weltkrieg herein.[12] Zwar musste Luxemburg nicht das Schicksal Belgiens erleben: die Fluren wurden nicht zerstampft, die Männer nicht erschossen, die Häuser und Scheunen nicht verbrannt, die Frauen und Kinder waren nicht obdachlos und am Verhungern.[13] Aber der Verlust des Rechts auf Selbstbestimmung, die freudlos trübselige Gegenwart, das seelische Leiden am Vernichtungskampf der Nachbarvölker, vor allem dieses „gezwungene Abseitsstehen mit zerrissenen Herzen, die mit keinem jubeln können“,[14] lasteten schwer auf der Gegenwart. Die Luxemburger, so der Journalist und Schriftsteller Batty Weber, saßen im „Wartezimmer des Krieges“.

Auch die Lage der Studenten war durch den Krieg völlig verändert.[15] Da Luxemburg keine eigene Universität besaß, mussten die jungen Leute zum Studium ins Ausland gehen. Während des Krieges blieb ihnen der Zugang zu den französischen Universitäten verwehrt, und in Deutschland machte die allgemeine Mobilisation einen geordneten Ablauf der Kurse an den Universitäten unmöglich.

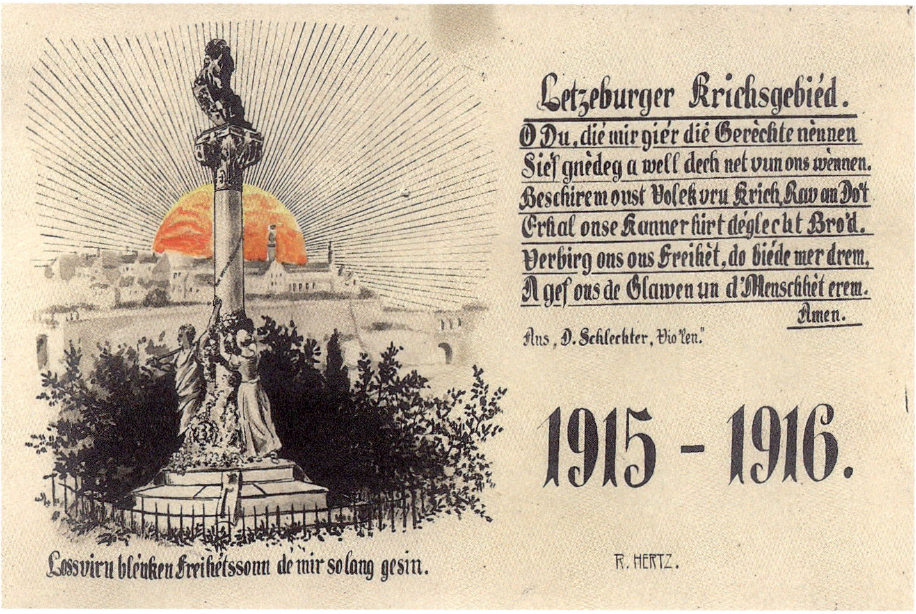

4. | R. Hertz: Luxemburger Kriegsgebet. Postkarte. Luxemburg 1916.

Zu den Studenten gehörte auch Gust. van Werveke, der die missliche Situation in seinem Romanfragment *Jahrgang 1896* beschrieb und damit nicht zuletzt seine eigene Lage skizzierte:

> Seit 1915 war den luxemburgischen Studenten der ausschliessliche Besuch deutscher Universitäten auferlegt. Aachen war die bevorzugte Stadt der Luxemburger geblieben, die sich der Ingenieurlaufbahn widmeten. München zog den Grossteil der anderen Studierenden an. Aber auch Bonn und Berlin, Tübingen und manch andere kleine Universität bis zum fernen Osten des Reiches zählten Luxemburger zu ihren Gästen. Wenn sie ins Ländchen zurückkehrten, waren so in ihnen Erfahrungen um die Zeit, aus deren Mannigfaltigkeit eine in ihren grossen Linien übereinstimmende sichere Erkenntnis emporwuchs. Aber anderseits ward ihre persönliche Einstellung zu dieser Erkenntnis durch das Nachwirken des Milieus, in dem sie gelebt, nur noch differenzierter.[16]

So kam es, dass die luxemburgischen Studenten im Verlauf des Krieges immer mehr das Gefühl befiel, ihre Ausbildung und ihre Zukunft seien unsicher. Diese Art intellektueller Arbeitslosigkeit kam der *Association Générale des Etudiants Luxembourgeois* (AGEL) zugute, einer im Jahre 1912 gegründeten studentischen Organisation. Dieser Kreis wurde zu einem Ort intellektueller Gärung, aus der neue politische und kulturelle Perspektiven entstanden.[17] Tatsächlich war die vorhergehende Generation der luxemburgischen Studenten der Belle Epoque abgelöst worden von jungen Leuten, die einerseits zwar durch den Krieg geängstigt, andererseits aber auch aufgebracht waren und versuchten, ihren Abscheu und ihre Empörung zu artikulieren. Die AGEL nannte sich jetzt ASSOSS, abgeleitet von den zwei ersten Silben des Wortes *Association*, und diese Abkürzung wurde zum Losungs- und Schlachtruf einer neuen Generation, die ihre eigenen intellektuellen und moralischen Ansichten hatte und beseelt war von einem neuen Geist, vom „Geist der neuen Jugend", der aus der Erfahrung der schrecklichen Zeit hervorgegangen war. Pol Michels sollte jener Intellektuelle sein, der diesen neuen Geist beschwor und zugleich zum Sprecher der neuen Jugend Luxemburgs wurde:

> Die gegenmenschliche Zeit, die wir immer noch nicht überwunden haben, der Riesensturz elementarster Vernunft, der vollständige Verzicht auf gedanklich einsichtsreiche Arbeit, das schändlich Namenlose, das wir Krieg nennen, ist letzten Endes die teuflische Rache des Alten, des Abgelebten, der Fäulnis, der Särge an dem Prinzip der Lebendigkeit, an allem was jung, neu und glanzvoll, am Frühling.[...] Aus purer Verzweiflung ob einer Realität, die immer mehr in Hölle versank, suchte die junge Generation ihr Heil in den dimensionslosen Bezirken der Geistigkeit und eine ihr adäquate Wunsch-Wirklichkeit jenseits und außerhalb der Sinnenwelt in der Idee. Oder besser ausgedrückt! Ueberall

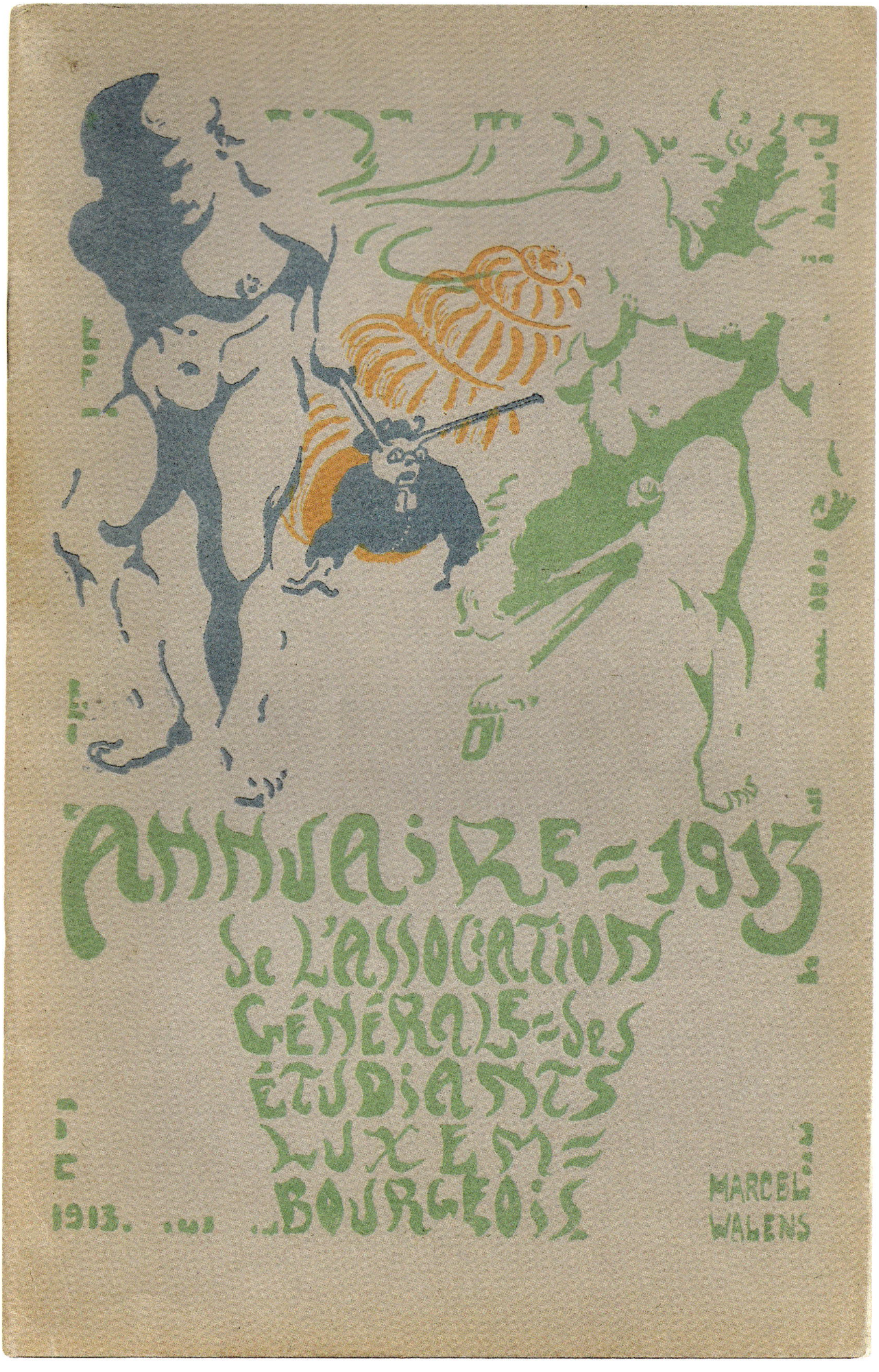

5. | AGEL: Annuaire 1913. Luxemburg 1913. Umschlag. Vorderseite.

AGEL: Annuaire 1913. Luxemburg 1913. Umschlag. Rückseite.

Voix des Jeunes

Le Journal paraîtra tous les mois et sera adressé gratuitement aux seuls membres de l'A. G. E. L.

Journal de l'Association Générale des Étudiants Luxembourgeois.

Prix du numéro : 25 ct.

Insertions et Publicité : Demander conditions aux éditeurs : MM. W. et V. BÜCK, Luxembourg.

N° 1. Luxembourg, août 1917. 1re année.

AUFRUF!

Dieser Aufruf aus dem Hause der Jungen ergeht an die Alten.

An die Alten, die die Jungen nicht verstehen, weil sie sie nicht verstehen wollen.

In der Kammer klang jüngst die Mahnung auf: Habt acht, daß Ihr die Zeichen der Zeit versteht!

Die Zeichen der Zeit, das sind die Jungen.

Man versteht sich nicht, weil der eine sich nicht die Mühe gibt, zu begreifen, was der andere will.

Ginge er dann unbefangen seines Weges und sagte: das liegt mir nicht! Oder: das ist mir zu hoch! Oder: dazu hätte ich die Geduld nicht! so wäre im Ineinandergreifen der Seelen nichts gestört.

Aber er maßt sich Kritikerrechte an. Er macht von dem Vokabel « verrückt » einen unmäßigen Gebrauch, berauscht sich daran und begreift immer weniger.

Er gleicht dem Mann, der zusieht, wie einer einen Hut macht, und sich darüber aufregt, daß es kein Stiefel wird.

Daß die Alten die Jungen verstehen, das sollte, dächte man, ganz natürlich sein. Sie waren doch selbst einmal jung, es ist noch gar nicht so lange her, ein halbes Menschenalter. Sie müssen sich doch erinnern, wie ihnen damals zumut war, und die andern darnach beurteilen können.

Und doch ist nichts schwerer und seltener, als daß das Alter die Jugend versteht! Es sind Leute dadurch berühmt geworden, daß sie den Eindruck erweckten, als verständen sie, wie man so sagt, die Kinderpsyche.

Auch der innere Mensch hat seine Augen nicht auf dem Rücken. Er schaut vorne aus, und vorne sieht er nicht die Jungen. Die drängen als verworrener, unfreundlicher Haufe hinter ihm her und suchen ihm die Fersen auszutreten. Davon ist er überzeugt. Er hört hinter sich ihre Stimmen rufen und ihre Schritte dröhnen und fühlt sich schon im Geiste überrannt. Darum setzt er sich mit der Hebelkraft seines Vorsprungs zur Wehr, und statt Bundesgenossen, werden sie Gegner.

Das braucht nicht zu sein. Die Alten sind die Väter der Jungen, und so wahr es ist, daß zwischen Vätern und Söhnen nicht Feindschaft zu sein braucht, so wahr ist es, daß die Alten mit den Jungen zusammen die Wege gehen können, die zu mehr Wahrheit, mehr Schönheit, mehr Glück führen.

Dreht Euch um! Befreit Euch von dem unheimlichen Gefühl, daß Ihr die Jugend als feindselig nachdrängende Schaar im Rücken habt. Schaut ihnen ins Gesicht, den Stürmern, hört, was sie wollen, und beurteilt sie nach dem Verhältnis ihres Könnens zu ihrem Wollen. Im Reich der Geister gibt es nicht den Ausschlag, was einer will, sondern wie er es kann.

Legt diese Blätter nicht mit Kopfschütteln aus der Hand. Macht Euch klar, daß jeder etwas will, daß er weiß, was er will und daß Ihr es vielleicht nicht wißt. Das macht, daß er gegen Euch unbedingt im Vorteil ist und daß er Euch vielleicht wirklich einmal überrennen wird.

Ihr aber, Ihr Jungen, Ihr Zukunft, Ihr ungebundene Kraft, denkt daran, daß sich Eure Jugend einmal ausgeschäumt haben wird — noch lange nicht, nein, noch in Ewigkeiten nicht, in denen Ihr alle Himmel stürmen könnt, nie, wenn Ihr es nicht wollt! — aber der Auftrieb der Jugend, der Euch jetzt emporwirbelt, wird einmal nicht mehr sein, Ihr müßt zusehen, daß Euch bis dahin die Flügel gewachsen sind, die Euch weiter tragen auf den Höhen, auf die Euch die Begeisterung Eurer zwanzig Jahre hinaufgeschäumt hat. Dann gebt acht, daß Ihr nicht auf öden Graten scheitert, die Ihr dem Himmel nahe wähntet und auf denen nur Moos wächst.

Batty WEBER.

6. | AGEL: Voix des Jeunes. 1. Jahr. Nr. 1. August 1917. Luxemburg 1917.

> erstehen Jugende, welche die totale Aenderung der Welt anstreben, die eine infernalische Gegenwart an die beseligende Utopie ausliefern wollen und die sich stets fanatischer in dem grandiosen Ziel besteifen: das Paradies auf einfacher Erde zu schaffen. Und von Tag zu Tag zahlreicher werden die Gemüter, welche herantreten und kundgeben: „Wir dürfen nicht länger abseits in unseren ästhetischen Schmollwinkeln brüten, sondern es ist unsere primärste Pflicht, endlich unter dem strengen Diktat der tätigen Idee, handgemein zu werden mit den unsaubern Mächten des Völkerelends und – unsrer Verantwortung zutiefst bewusst – einzugreifen in die Geschicke der Welt.“[18]

Diese Zwanzigjährigen verlangten wie ihre Altersgenossen aus Deutschland und Frankreich die gründliche Beseitigung aller materialistisch geprägten Mentalität und jeglicher reaktionärer Geistesverfassung. So gründete im Jahr 1917 die ASSOSS die Schülerorganisation *Cercle Littéraire et Scientifique* (CLS),[19] deren Ziel es war, schon bei den jungen Gymnasialschülern eine Bewusstwerdung und Selbstbestimmung im neuen Sinne hervorzurufen. Dieses Unterfangen konkretisierte sich in der Organisation von mehr als zwanzig Vorträgen in den Jahren 1918 bis 1920.[20] Die jungen Sekundaner, Primaner und auch Erstsemesterstudenten waren vor allem von Literatur begeistert, aber sie lehnten jede allzu schulische Bildung ab und hatten einen gewissen Hang zur Radikalisierung, der ihrer Meinung nach in eine politische und gesellschaftliche Aktion münden müsse. Um ihren Ideen Ausdruck zu verleihen, gründeten sie die Zeitschrift *La Voix des Jeunes*, deren erste Serie von August 1917 bis Juli 1919 erschien.[21]

Schon in der ersten Nummer der *Voix des Jeunes* meldete sich eine Gruppe junger Studenten zu Wort. Pol Michels, Gust. van Werveke, Paul Weber,[22] Alice Welter[23] und Justin Zender[24] hatten sich zum *Cénacle des Extrêmes* zusammengeschlossen, für den nichts radikal genug sein konnte. Die zeitgenössischen und späteren Kommentatoren sahen in dem dort zwanghaft praktizierten Avantgardismus das Hauptmerkmal der gesamten literarischen, künstlerischen und politischen Produktion dieser jungen Leute. Tatsächlich waren ihre Überlegungen, ihre Ideen, ihre Schlussfolgerungen radikal, die Überschriften ihrer Texte apodiktisch. Das luxemburgische Publikum wurde so unmittelbar mit neuen literarischen und künstlerischen Tendenzen konfrontiert, die zu den fortschrittlichsten der Zeit gehörten: Futurismus, Expressionismus, Kubismus und Aktivismus.

Anfang 1918 wandelte sich der *Cénacle des Extrêmes* zum *Etudiant Socialiste Anational* (ESA). Die jungen Schriftsteller begnügten sich nicht mehr damit, den Bourgeois zu schockieren und bürgerliche Kunstvorstellungen zu zertrümmern, sondern unterstrichen viel stärker ihre politischen Intentionen. Die jungen Studenten, die sich allesamt zum Sozialismus bekannten und den deutschen Spartakisten nahe standen, sollten später, im Jahr 1921, eine radikale Gruppe bilden, die sich für die III. Internationale einsetzte und sich in eine studentische kommunistische Organisation umwandelte. 1918 jedoch vertraten sie noch einen entschlossenen *A*nationalismus, der den *Anti*nationalismus der Gründer der AGEL bei weitem übertraf. Diese hatten schon zu ihrer Zeit verkündet, dass die luxemburgischen Studentenorganisationen an den ausländischen Universitäten sich nicht auf die Luxemburger beschränken sollten, sondern dass sie sich mit der einheimischen Bevölkerung anfreunden und sich der Kultur ihres Gastlandes öffnen sollten. Unter der deutschen Besatzung während des Krieges wurden in Luxemburg die Verachtung jeglichen „Chauvinismus“ und der Hass auf das militaristische und imperialistische Deutschland noch ausgeprägter, was einerseits zu einer noch stärkeren Frankophilie führte, andererseits aber auch die Vorstellung einer europäischen Idee förderte, die nur freie und gleiche Menschen und Bürger kannte.

7. | AGEL: Annuaire 1917. Luxemburg 1917.

DIE CHRONOLOGIE DER VERBINDUNG RET MARUT – GUST. VAN WERVEKE – POL MICHELS

Es war Gust. van Werveke, der am 15. September 1917 von Luxemburg aus einen Brief an Marut schickte, in dem er die Ziele des *Cénacle des Extrêmes,* nämlich revolutionärer Aktivismus, Pazifismus, Internationalismus und die Schaffung eines Vereinten Europas darlegte.[25] Verbunden mit dem Brief war der Dank für die unentgeltlich Zusendung des ersten Heftes des *Ziegelbrenner* an den *Cénacle* auf Veranlassung Karl Ottens,[26] der zu dieser Zeit in Trier in der Zensurstelle arbeitete und über Franz Pfemferts[27] *Aktions*-Kreis in direkter Verbindung mit Pol Michels und Gust. van Werveke stand.[28] Der Brief van Wervekes wird Aufnahme im 2. Heft des *Ziegelbrenner* finden, das am 1. Dezember 1917 erschien, mit dem Zusatz Maruts, dass es sich bei dem Absender um „eine friedensfreundliche Vereinigung junger Studenten in Luxemburg“ handele:

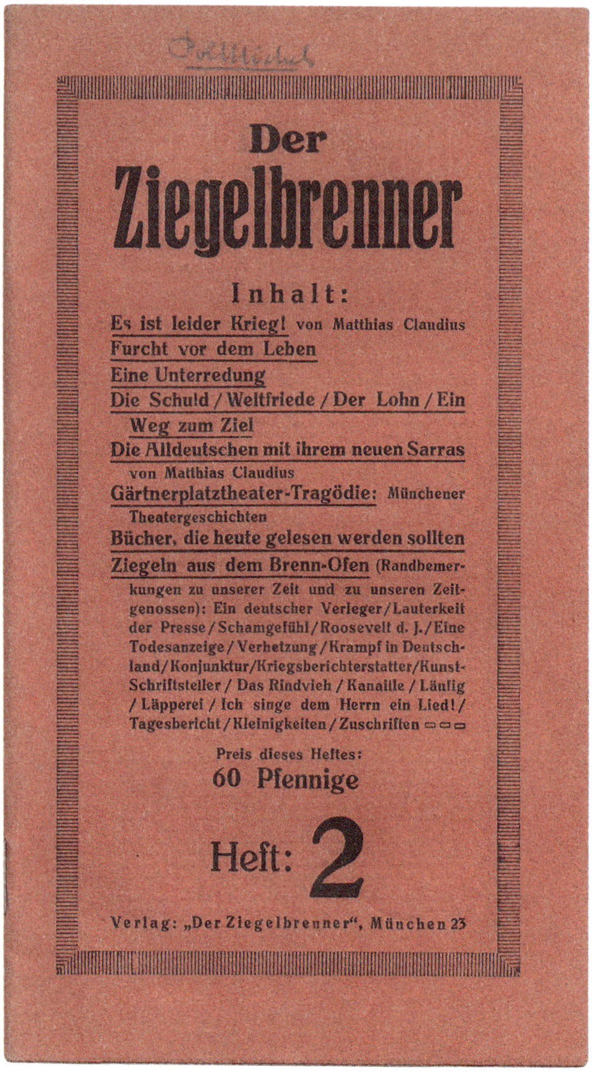

Der
Ziegelbrenner
Inhalt:
Es ist leider Krieg! von Matthias Claudius
Furcht vor dem Leben
Eine Unterredung
Die Schuld / Weltfriede / Der Lohn / Ein Weg zum Ziel
Die Alldeutschen mit ihrem neuen Sarras von Matthias Claudius
Gärtnerplatztheater-Tragödie: Münchener Theatergeschichten
Bücher, die heute gelesen werden sollten
Ziegeln aus dem Brenn-Ofen (Randbemerkungen zu unserer Zeit und zu unseren Zeitgenossen): Ein deutscher Verleger / Lauterkeit der Presse / Schamgefühl / Roosevelt d. J. / Eine Todesanzeige / Verhetzung / Krampf in Deutschland / Konjunktur / Kriegsberichterstatter / Kunst-Schriftsteller / Das Rindvieh / Kanaille / Läulig / Läpperei / Ich singe dem Herrn ein Lied! / Tagesbericht / Kleinigkeiten / Zuschriften
Preis dieses Heftes:
60 Pfennige
Heft: 2
Verlag: „Der Ziegelbrenner“, München 23

8. Ret Marut: Der Ziegelbrenner. 1. Jahr. Heft 2. 1. Dezember 1917. München 1917.

> Der Neu-Aufbau, den Sie wünschen u. die Weise, wie Sie es tun, bietet manche Berührungspunkte mit den Zielen, die auch wir verfolgen [...]. „Man gebe den Menschen ein bewegteres, ein reicheres, ein vollsaftigeres Leben; man mache ihnen die Arbeit zur Freude u. nicht zum blossen Mittel, die Nahrung schwer genug zu sichern; man gebe den Menschen jede Möglichkeit, ihre ganzen Fähigkeiten u. Begabungen anzuwenden u. auszunützen, statt sie verkümmern zu lassen"[29]: ich glaube, wenn wir „das Leben als Ziel gelehrt" wissen wollen, so gehen unsere Ansichten nicht weit auseinander.[30]

Unmittelbar darauf, am 24. September 1917, schickte Marut einen persönlichen Antwortbrief an van Werveke, mit dem er sich in den Grundabsichten einig wusste, in dem er den Zweck seiner Zeitschrift darlegte: Aufklärung und Arbeit gegen die Völkerverhetzung, Durchführung dieser Absicht durch Stärkung des Lebenswillens und der Verbreitung der Überzeugung, dass es die erste und schönste Pflicht des Menschens sei, „vor allem Mensch zu sein":

> Ihr liebes Schreiben hat mir au[f]richtige Freude bereitet und ich danke Ihnen herzlich für Ihre zustimmenden Worte und da Sie gleichzeitig im Namen Ihrer stürmenden Vereinigung sprechen, bitte ich Sie, I[hren] Freunden meinen Gruss zu entbieten. Bei Gründun[g] meiner kleinen Zeitschrift habe ich mir kein f[est] umgrenztes Ziel gesteckt, es sei denn, dass man al[s] Ziel bezeichnet, aufklärend zu wirken und alle[n Ver]hetzungen der Völker entgegen zu arbeiten. Um [diese] Absichten durchzuführen erscheint mir die rück[sichts]lose Stärkung des Lebenswillens, das Verbreiten [der] Ueberzeugung, dass die erste und schönste Pflicht [des] Menschen ist, vor allem Mensch zu sein, als das zur Zeit beste Mittel. Sie nennen das: Aktivismus und meinen dasselbe: denn auf das Wort kommt es nicht an sondern auf die Sache. Gelingt es uns, also alle [die] in unserm Sinne – wenn auch getrennt – arbeiten [so] müssen alle die Dinge, die Sie gesondert erwähnen, [wie] Pazifismus, Internationalismus, Vereintes Europa notwendigerweise und ganz von selbst folgen. Si[e] haben den ersten Aufsatz ja gelesen und wie ich sehe, auch verstanden: was nicht leicht war, [weil die] schmerzlichen Zeitumstände und manche andere Dinge mich zwangen, Ueberzeugungen zu umschreiben. Es ist ja auch alles nur für jene geschrieben, die darauf eingestellt sind. An dem, was man einmal als das Richtige vollkommen erfasst hat, nicht irre werden, ist das Einzige. Und wenn man bei Beurteilung und Einschätzung des Richtigen immer nur vom Menschen ausgeht, kann man nicht in die Irre geraten. Man kann seine Wege ändern, aber nicht seine Absichten.[31]

Umgehend antwortete van Werveke am 2. Oktober 1917 von Luxemburg aus mit einem spezifischen Hinweis auf die Gemeinsamkeit im „Gefühl der Menschenliebe, getragen von positiver politischer Intelligenz u. Reorganisationsdrang“:

> Denn wenn es immer gut tut ein Echo zu finden auf seine Rufe: in der Sache, die wir vertreten wirkt es zu dieser Stunde geradezu wie eine Befreiung Gleichgesinnte bereit zu finden, geeint durch den rücksichtslosen Willen zur Menschwerdung, bereit zu kämpfen, wie immer es auch sei. Ich habe vor ein paar Tagen von einem Freund aus Deutschland einen Brief erhalten, in dem die Worte stehen: „Es fehlte uns damals (vor dem grossen Unglück) durchaus an der persönlich erlebten Ehrfurcht vor dem Ewigen, Unausgesprochenen, dem was alle Tage im Menschen noch betet (das war eben alltäglich!) Heute ist tatsächlich jeder! Einzelne! in die Kniee geknickt u. hat Angst, Reue, Gelöbnis, Güte, Mitleid gefühlt – Not bis zum Kinn. Und deshalb – zwar kein Verein – aber man kann einige Menschen wissen lassen, dass sie auf einen bauen können!“ Ich wollte Ihnen diese Zeilen hieherschreiben: Sie zeigen, dass die Herzen sich zu suchen anfangen und dass über den Abgrund der Fronten die Fäden sich wirken, die die freien Staaten des neuen Europa in werktätiger Liebe verbinden sollen.[32]

Knapp zwei Wochen später, am 19. Oktober 1917 immatrikulierten sich Pol Michels und Gust. van Werveke an der Philosophischen Fakultät der Ludwig-Maximilians-Universität München, so dass am 3. November 1917 eine Briefkarte Michels' an Marut, die darum bat, den Herausgeber des *Ziegelbrenner* am 6. November im Café Glasl, einem beliebten Literaten- Künstlertreffpunkt, gelegen an der Ecke Amalien- und Theresienstraße und zu dessen berühmten Gästen Ringelnatz und Klabund zählten, im Auftrag von Franz Pfemfert sprechen zu können; Erkennungszeichen sei dessen rotes *Aktionsbuch.*[33] Es war also Pol Michels, der seit seiner Berliner Studentenzeit ab Wintersemester 1916 mit Pfemfert in persönlicher Verbindung stand und schon von August 1916 bis November 1917 als Beiträger der *Aktion* fungierte,[34] der die Verbindung Maruts zum *Aktions*-Kreis herstellte. Bei diesem Treffen zwischen Marut, van Werveke und Michels ging es dann um den Inhalt des 2. *Ziegelbrenner*-Hefts, um Karl Kraus' Zeitschrift *Die Fackel*,[35] deren Hefte von August 1914 bis Juli 1916 Michels Marut zur Verfügung stellen wollte, sowie um den Antikriegsroman *Le Feu* von Henri Barbusse.[36] Es sollten genau die Zeitschriften-Herausgeber Kraus und Pfemfert sein, die Gnade vor Maruts Augen fanden, sah er doch in diesen innerhalb einer kriegstreiberischen und verlogenen Presse die beiden einzigen Ausnahmen, die „Anstand bewahrt [hatten], weil sie Gesinnung besaßen.“[37] Und Marut wird auch zugeben, ohne sie namentlich zu nennen, gerade durch Michels und van Werveke Karl Kraus und seine *Fackel* kennengelernt zu haben: „[...] ich habe Karl Kraus – ihn persönlich noch nicht – erst kennen gelernt, als das erste Heft des Ziegelbrenner im Manuskript schon fertig vorlag und zum grossen Teil schon im Druck war.“[38]

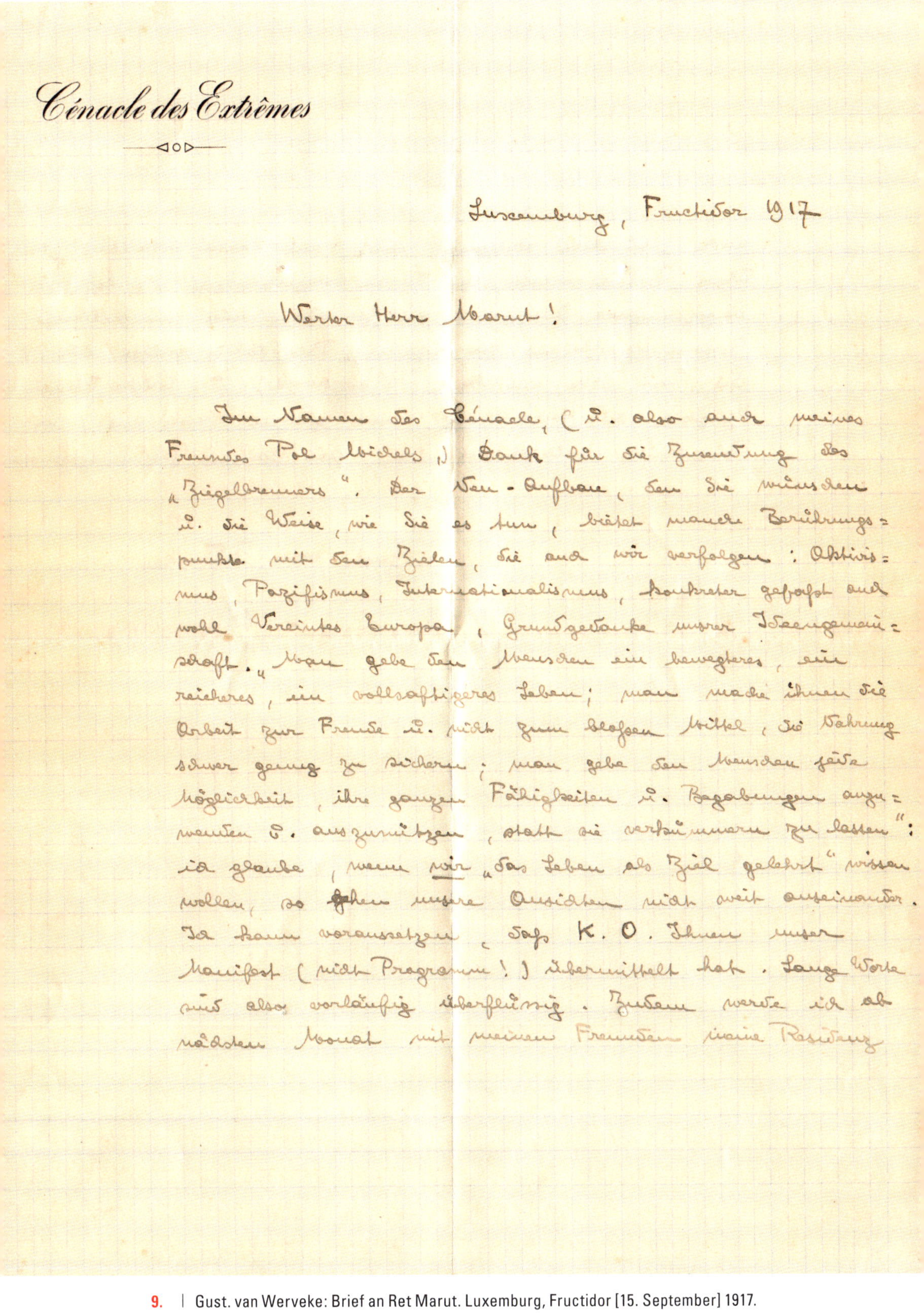

Cénacle des Extrêmes

Luxemburg, Fructidor 1917

Werter Herr Marut!

Im Namen des Cénacle, (u. also auch meines
Freundes Pol Michels,) Dank für die Zusendung des
„Ziegelbrenners". Der Neu-Aufbau, den Sie wünschen
u. die Weise, wie Sie es tun, bietet manche Berührungs=
punkte mit den Zielen, die auch wir verfolgen: Aktivis=
mus, Pazifismus, Internationalismus, konkreter gefaßt auch
wohl Vereintes Europa, Grundgedanke unsrer Ideengemeinschaft. „Man gebe den Menschen ein bewegteres, ein
reicheres, ein vollsaftigeres Leben; man mache ihnen die
Arbeit zur Freude u. nicht zum bloßen Mittel, die Nahrung
schwer genug zu sichern; man gebe den Menschen jede
Möglichkeit, ihre ganzen Fähigkeiten u. Begabungen anzuwenden u. auszunützen, statt sie verkümmern zu lassen":
ich glaube, wenn wir „das Leben als Ziel gelehrt" wissen
wollen, so gehen unsere Ansichten nicht weit auseinander.
Ich kann voraussetzen, daß K. O. Ihnen unser
Manifest (nicht Programm!) übermittelt hat. Lange Worte
sind also vorläufig überflüssig. Zudem werde ich ab
nächsten Monat mit meinen Freunden meine Residenz

9. | Gust. van Werveke: Brief an Ret Marut. Luxemburg, Fructidor [15. September] 1917.

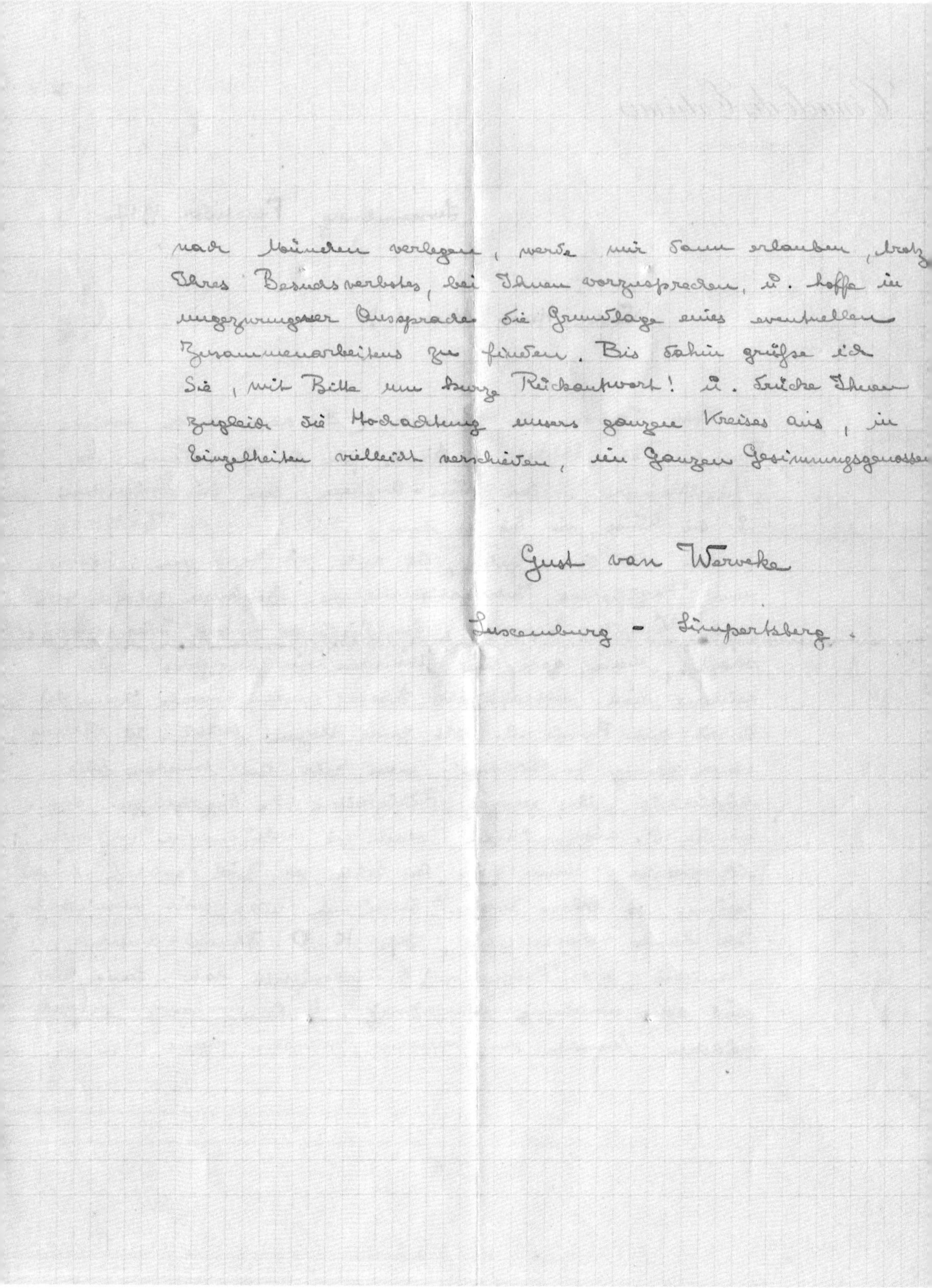

nach München verlegen, werde mir dann erlauben, trotz Ihres Besuchsverbotes, bei Ihnen vorzusprechen, u. hoffe in ungezwungener Aussprache die Grundlage eines eventuellen Zusammenarbeitens zu finden. Bis dahin grüße ich Sie, mit Bitte um kurze Rückantwort! u. drücke Ihnen zugleich die Hochachtung unsers ganzen Kreises aus, in Einzelheiten vielleicht verschieden, im Ganzen Gesinnungsgenossen

Gust van Werveke

Luxemburg – Limpertsberg.

| Gust. van Werveke: Brief an Ret Marut. Luxemburg, Fructidor [15. September] 1917.

10. Ludwig Meidner: Porträtskizze [Franz Pfemfert]. Zeichnung. Berlin 1915.

11. Mechtilde Lichnowsky: Karl Kraus. Kuchelna 1920. Photographie.

Was Henri Barbusse betraf, erschienen die beiden Luxemburger, die seinen Roman, der den militärischen Konflikt als obszöne und heuchlerische Metzelei anprangert, die von den dominanten Herrschaftsstrukturen ausgelöst wurde, in der französischen Originalausgabe kannten, als die eigentlichen Vermittler dieses Antikriegsbuches. In der Tat bezogen sie sich mehrfach in ihrer politischen und sozialen Entwicklung auf den französischen Politiker und Schriftsteller. So verwies Michels in einem Vom Geist der neuen Jugend betitelten Text auf die Verdienste und den Stellenwert von Henri Barbusse im europäischen Kontext:

> Umspült von dem unendlichen Lichte des Dreigestirns: Güte - Menschlichkeit - Beglückung, bilden sich regelrecht begeisterte Kämpferscharen; in Frankreich ist Henri Barbusse der Wortführer des stattlichen Bundes „Clarté", [...]. Eine Stimme ruft gewaltig: „J'ai trop l'orgueil d'être homme et frère d'hommes, pour aimer ceux de Berlin moins que ceux d'Amérique!" Der bisherige, amoralische Bestand der Gesellschaft zerstiebt, die ganze schuftige Erbärmlichkeit der bourgeoisen Politiken des Interesses, des Utilitarismus, des leiblichen Wohlergehens, der Nüchternheit durchschaut, erkannt![...] Die Koalition der guten Geister wird die Macht des Kapitals des Vaterlandes, des Chauvinismus zu Boden werfen und die zersetzende, heimtückische Arbeit der kopfscheuen Nationalismen zerstören.[39]

Und als Gust. van Werveke in der *Voix des Jeunes* genau das angesprochene, von Franz Pfemfert herausgegebene *Aktionsbuch* rezensierte, hob er es als ein Dokument wahrhaft neutraler Gesinnung hervor, das für alle diejenigen ein besonderes Ereignis sei, die, wie die Luxemburger, geborene Vermittler zwischen sich bekämpfenden Kulturen seien. Es zeige gleich der Novellensammlung *Menschen im Kriege*[40] und dem Roman *Das Feuer* einen Seelenzustand im Werden, der die Menschheit als potentiell höchste Macht betrachtet, und darum auch den politischen Ausdruck derselben in unablässigem Wollen finden wird.[41] So verwundert es nicht, dass es in den folgenden Heften des *Ziegelbrenner* zu einer wahren Inseratenflut für das Werk kommt. Am 16. März 1918 ist in Heft 3 zu lesen:

> Der Roman ‚Le feu' von Barbusse, die loderndste Anklageschrift gegen den Krieg, die nur jemals geschrieben worden ist, gegen die das bekannte Buch der Berta von Suttner ‚Die Waffen nieder' sich liest wie ein Kränzchenbuch für zwölfjährige Mädchen; eines Romans, der in Frankreich öffentlich mit dem literarisch hoch bewerteten Goncourt-Preise gekrönt worden ist, [...] dessen Auflage geht jetzt schon sehr stark in das dritte Hunderttausend. Jede Woche werden fünf Tausend Stück verkauft. Wer da weiß, wie schwer ein Franzose sich zum Kaufe eines Buches herbeilässt, mag die Bedeutung dieser Tatsache voll ermessen. Ja, der Roman erscheint sogar augenblicklich – weil der Drucker ihn nicht so rasch herstellen kann, wie er verlangt wird – im Roman-Teil eines der angesehensten Blätter, wie Dr. Grautoff im ‚Lit. Echo' mitteilen kann. Ein Roman, der auch die lebhafteste Kriegsstimmung untergräbt und zerflattern lässt wie Nebel vor dem Sturmwind, der den Krieg und das Wesen des Krieges zwingt, in sich zusammen zu stürzen, lediglich indem er den Krieg in seinem wahren Gesichte zeigt.[42]

Und noch zwischen November 1918 und Januar 1919 macht der *Ziegelbrenner* regelmäßig Werbung, auch als Anlaufstelle, für *Le Feu*, „das Buch, das während der Kriegszeit in Frankreich die höchste Auflage erreichte, [...]. Es wurden bis heute beinahe eine halbe Million Bände verkauft. Falls das Buch in den Buchhandlungen und in den Feldbuchhandlungen nicht vorrätig sein sollte, was auffallend häufig vorkommt, so können es unsere Leser durch uns bestellen."[43]

Knapp eine Woche nach dem Treffen im Café Glasl, am 14. November 1917, erreicht Marut ein gemeinsamer Brief der Luxemburger, der die russische Oktoberrevolution feiert, verbunden mit der Bitte um Verzicht auf die für das 2. *Ziegelbrenner*-Heft vorgesehene Anzeige zur Gold- und Schmuckablieferung zu Kriegszwecken und mit dem Hinweis auf den Aufruf der Unabhängigen Sozialisten, den Krieg nicht zu verlängern, damit „die Wirkung des russischen Menschheitserfolges" nicht zerstört werde. Auf diesen Brief wird Marut später in Heft 9-14 – Titel: Zensur. Alle Aufsätze, Besprechungen und Komödien, die während des Krieges dem *Ziegelbrenner* von der Zensur gestrichen wurden – vom 15. Januar 1919 eingehen. Fünf Tage später, am 19. November 1917, folgt ein weiterer Brief Michels, diesmal mit dem Angebot der leihweisen Überlassung eines *Fackel*-Exemplars und der Nummer 4 der *Voix des Jeunes*,[44] und mit dem Hinweis, dass die *Fackel*-Ausgaben von 1914 bis 1916 noch in Luxemburg lagerten, sowie mit der

Bemerkung, dass an eine Übersetzung von Barbusse kaum zu denken sei, weil dieses „Dokument der Menschlichkeit" bald in der Schweiz in deutscher Übertragung erscheinen werde.[45]

12. Andreas Latzko: Menschen im Krieg. Max Rascher Verlag. Zürich 1918.

Am Beginn des neuen Jahres verabschiedet sich Michels am 8. Januar 1918 nach Luxemburg mit einem Brief unter der Versicherung, als Maruts „Mitkämpfer" Abonnent des „tapfern *Ziegelbrenners*" zu bleiben, genau wie das Mitglied des *Cénacle des Extrêmes* Paul Weber. Zwei Monate später kündigt Michels in zwei Postkarten unter den Daten vom 7. März und 14. März 1918 dem „Kameraden" Marut seine Rückkehr nach München für Anfang, resp. Mitte April an und bittet um Zusendung oder Hinterlegung des 3. Heftes des *Ziegelbrenner*. Ein längerer Brief vom 23. März schließlich nach dem Erhalt dieses Heftes ist Ausdruck der Bewunderung von Michels für Maruts „kindlichen Zorn", seinen „heiligen Eifer, ganz Blut, voll Schwung" gekoppelt an die Versicherung, dass Marut „die Grösse, den Fanatismus, die Intoleranz des Fackelkraus erreicht, stellenweise überboten" habe. Zugleich hegte er die Hoffnung auf eine kürzere Erscheinungsfolge der Kampfschrift in einer Zeit, in der „der Blutlauf steigt, das Grausame immer entsetzlichere Dimensionen annimmt. Lesen Sie doch die Zeitungen! Gerade jetzt, ich beschwöre Sie bei Satan, Scherl und B[erliner] T[ageblatt,] muss der Geist wenigstens alle 14 Tage bejaht werden." Echo und Ausdruck eigener Bemühungen in diesem Zusammenhang ist eine von Gust. van Werveke am 24. März in die „radikal-demokratische" (van Werveke) luxemburgische Zeitung *Escher Tageblatt* eingerückte Werbung für den *Ziegelbrenner* unter der Überschrift *Literarisches*:

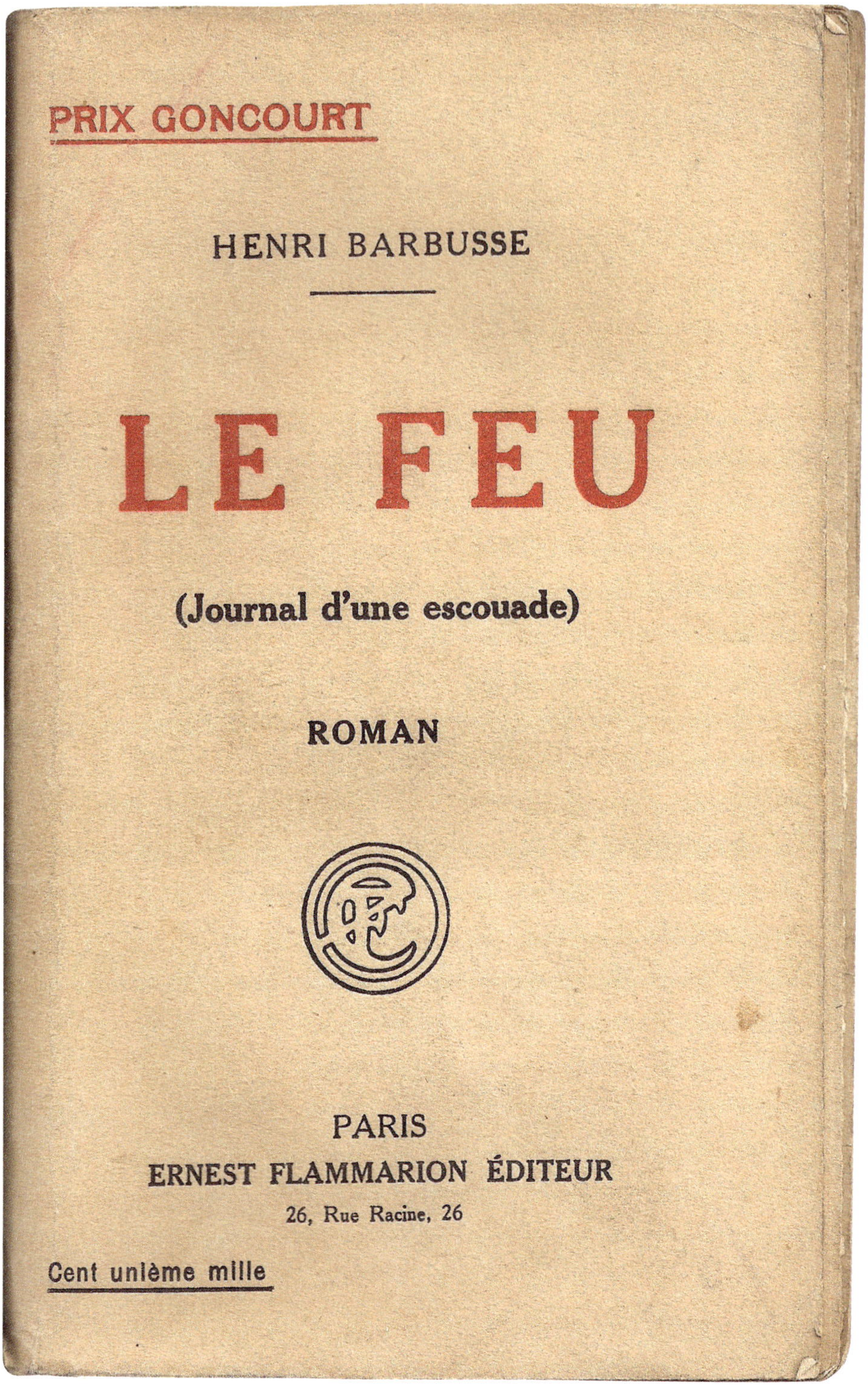

13. Henri Barbusse: Le Feu (Journal d'une Escouade). Ernest Flammarion. Paris [1917]. Umschlag. Vorderseite.

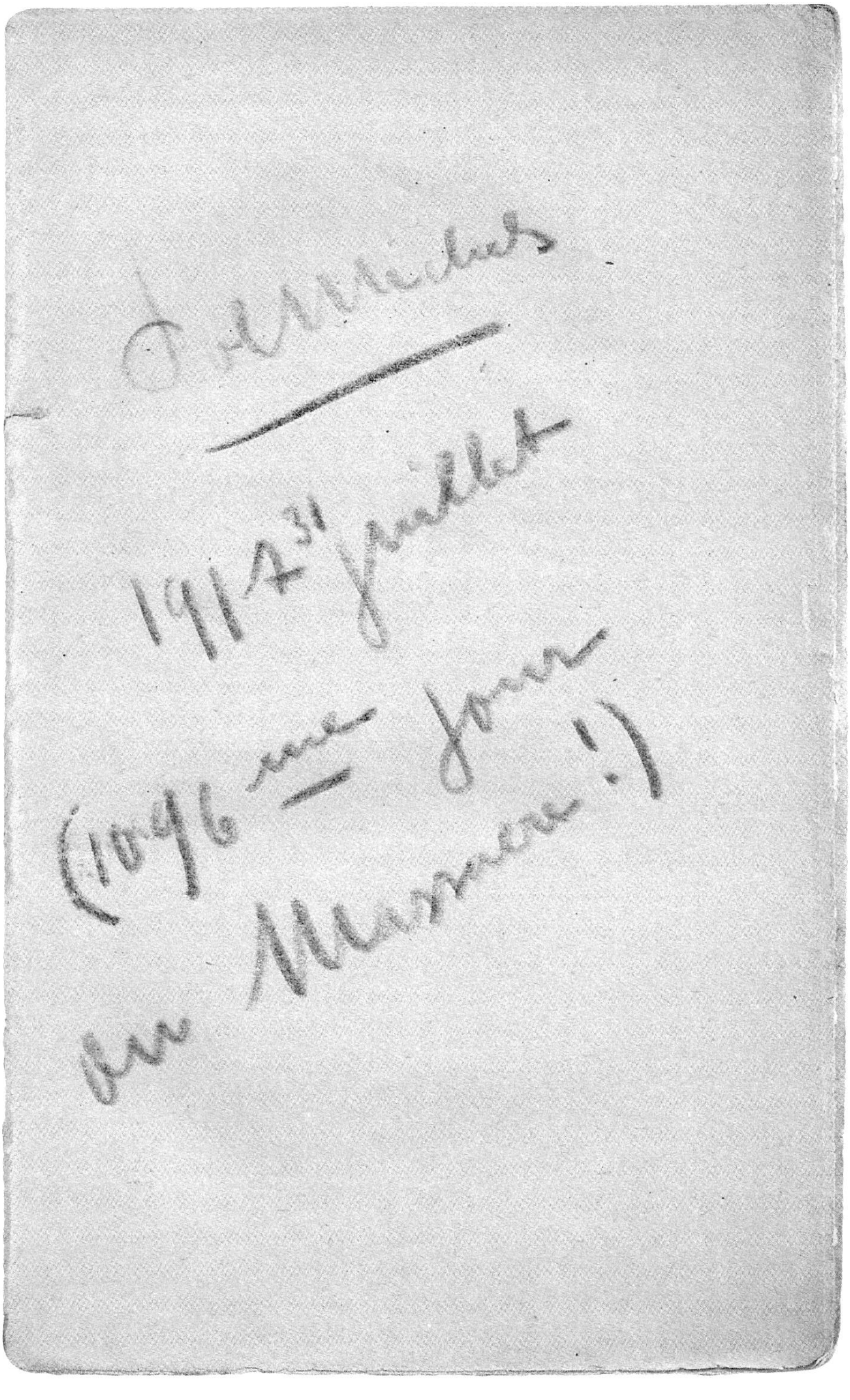

Henri Barbusse: Le Feu (Journal d'une Escouade). Ernest Flammarion. Paris [1917].
1. weißes Blatt.

> Materielle Neutralität kann für die Menschheit bedeutungslos sein; geistige schlägt Brücken zwischen den Nationen. Wir haben vor einiger Zeit auf Pfemferts Veröffentlichungen hingewiesen, weil sie uns inmitten des Mordens als Dokumente der Menschlichkeit ansprachen: wir möchten heute unsre damaligen Ausführungen ergänzen und ein paar Worte von einer kleinen Zeitschrift sagen, deren drittes Heft soeben erschienen ist. Sie heißt „Der Ziegelbrenner", erscheint in München, und gibt sich als „Kritik an Zuständen und widerwärtigen Zeitgenossen". Ihr Herausgeber zeichnet als Ret Marut und ist ein von dem Grauen des Krieges erschütterter Internationalist. Zu einem Neuaufbau der Welt brennt er seine Ziegel. Sie sind gut und haltbar. In der Glut seines Herzens hat er sie gefestigt. Mit einem großen Mitleid, das keine Mühe scheut, trägt er sie zusammen, um seinen Nächsten ein wohnliches Haus zu bauen. Er kämpft gegen den Journalismus der „Ullstein" und „Scherl"; er schreit auf gegen das Kapital und gegen die ganze Weltanschauung, die den Krieg möglich gemacht hat. Das Leben soll so werden, daß es für einen jeden eine Lust ist, dasselbe zu genießen. Es soll nicht, wie es das Christentum will, auf ein legendäres Jenseits eingestellt werden, sondern im Hinblick darauf, daß es Pflicht der Lebenden ist, für die Lebenden zu wirken. In selbständig schöpferischen Arbeiten, in kurzen Glossen zu den Ereignissen des Tages verwirft er Haß und Verhetzung. In Bemerkungen zu dem, was in den gegnerischen Ländern geschieht, lehrt er seine Landsleute diejenigen achten, die sie als Feind betrachten. Sein starkes soziales Empfinden läßt ihn in Heft 3 vor allem für die Frauen und Kinder eintreten. Heft 1 und 2, die heute, trotz einer zweiten Auflage, soweit vergriffen sind, waren desgleichen Dokumente einer im Dienste der Weltfriedensidee stehenden menschlichen Gesinnung. Wir wollen keine Kritik schreiben; wir können es uns daher auch ersparen, auf die einzelnen Beiträge einzugehen. Nur aufmerksam machen wollten wir unsre Leser, weil wir, zwischen den Nationen stehend, es für unsere Pflicht halten, alle Stimmen der Verständigung zu verzeichnen. Der Bezugspreis für die zwanglos erscheinende Zeitschrift beträgt 4,50 Mk. für 10 Hefte. Die Geschäftsstelle des Verlags befindet sich München 23., Clemensstraße.[46]

Schon am folgenden Tag, dem 25. März 1918 empfängt Marut einen Brief Gust. van Wervekes mit der Abschrift des Beitrags als „Dank für die Zusendung des dritten ‚Ziegelbrenners'". Eine handschriftliche Anmerkung Maruts besagt, dass er unter dem Datum des 4. April 1918 diesen Brief beantwortete. Diese Antwort wurde bis jetzt nicht aufgefunden, auf jeden Fall endete damit die Korrespondenz zwischen Marut und den beiden Luxemburgern.

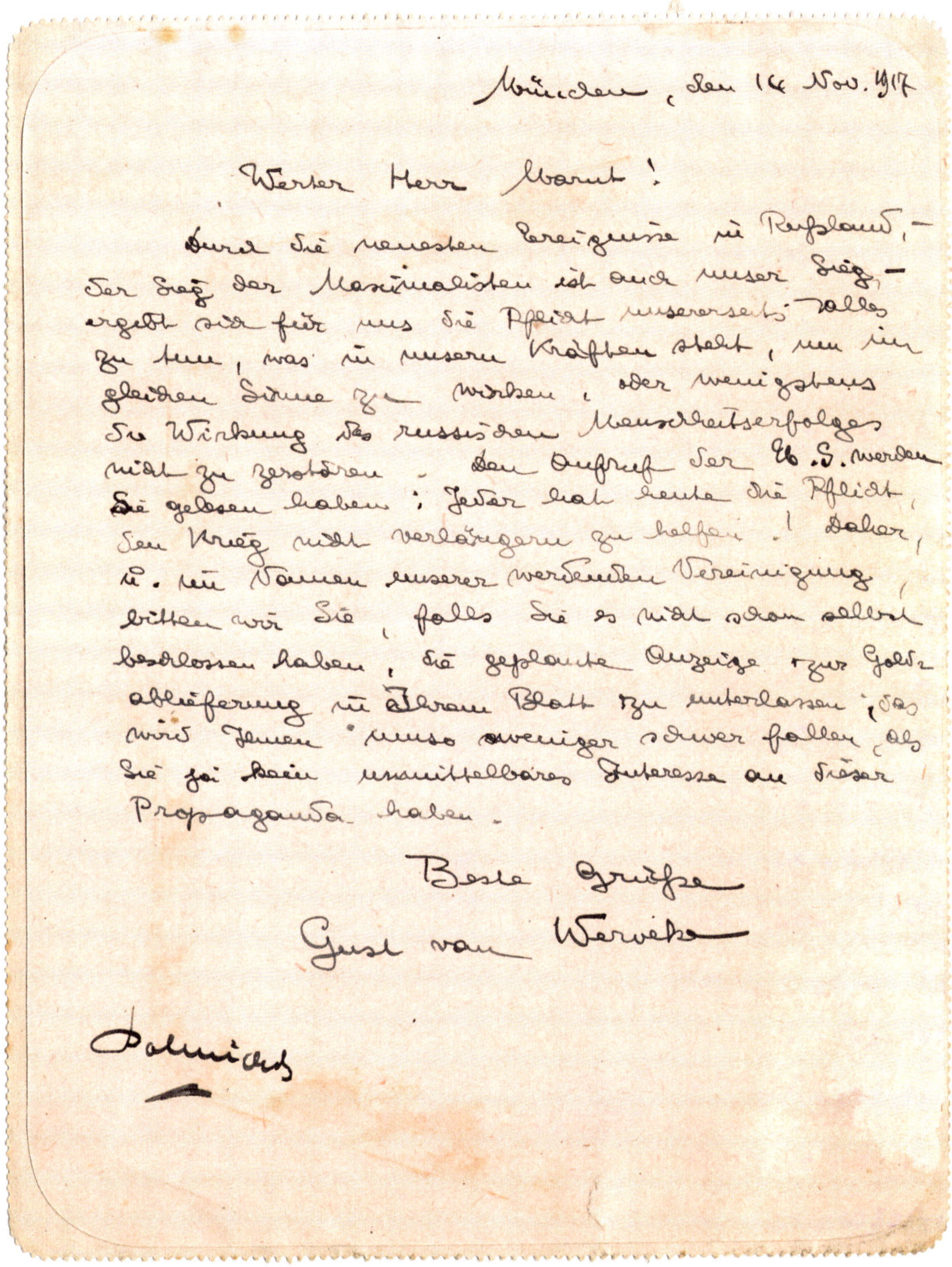

München, den 14 Nov. 1917

Werter Herr Marut!

Durch die neuesten Ereignisse in Rußland, – der Sieg der Maximalisten ist auch unser Sieg, – ergibt sich für uns die Pflicht unsererseits alles zu tun, was in unseren Kräften steht, um im gleichen Sinne zu wirken, oder wenigstens die Wirkung des russischen Menschheitserfolges nicht zu zerstören. Den Aufruf der E. S. werden Sie gelesen haben; Jeder hat heute die Pflicht, den Krieg nicht verlängern zu helfen! Daher, u. im Namen unserer werdenden Vereinigung, bitten wir Sie, falls Sie es nicht schon selbst beschlossen haben, die geplante Anzeige zur Goldablieferung in Ihrem Blatt zu unterlassen; das wird Ihnen umso weniger schwer fallen, als Sie ja kein unmittelbares Interesse an dieser Propaganda haben.

Beste Grüße
Gust van Werveke

Pol Michels

14. | Gust. van Werveke, Pol Michels: Brief an Ret Marut. München, 14. November 1917.

Die Beziehung brach aber nicht ab, wie die folgenden Indizien belegen. Am 7. November 1918 wird die Bayerische Republik ausgerufen, und Gust. van Werveke nimmt im Landtag als einziger Ausländer an der Sitzung der konstituierenden Versammlung teil, als „Spezialgehülfe" Kurt Eisners,[47] dem er sich „zur Erledigung schriftlicher Arbeiten zur Verfügung" hielt und „fürderhin bis zum Ende der Bewegung [s]eine Kräfte in den Dienst der großen Friedensbewegung [...] stellen" sollte.[48] In diesem Zusammenhang spricht er von einem „Beauftragten des Rates", der als „Chefredakteur alle Zensurrechte" hatte.[49] Tatsächlich wurde Marut nach der Ermordung Kurt Eisners am 21. Februar 1919 in die Presseabteilung des Revolutionären Zentralrats wegen seiner Gegnerschaft zur bürgerlichen Presse berufen. Er arbeitete dort als Zensor der *München-Augsburger Abendzeitung* und legte einen „Plan zur Sozialisierung" der Presse vor. Am 15. Januar 1919 schon hatte er in Heft 9-14 des *Ziegelbrenner* mit dem Titel *Zensur. Alle Aufsätze, Besprechungen und Komödien, die während des Krieges dem Ziegelbrenner von der Zensur gestrichen wurden* auf luxemburgische Zustände unter der Überschrift *Die Verbrechen* verwiesen: „An Belgien und an Luxemburg hat Deutschland die schwersten Verbrechen verübt, die in der Neuzeit je verübt worden sind."[50] Und unter der Überschrift *Ueberblick* heißt es: „Von deutschen Soldaten und Offizieren sind in Belgien, in Luxemburg und in Nordfrankreich zahllose Greuel verübt worden."[51] Auf jeden Fall war der *Ziegelbrenner* über die Lage der Bevölkerung in Luxemburg während der Kriegsjahre gut informiert, wohl dank seiner jungen luxemburgischen Sympathisanten. In Heft 9-14 geht Marut des Weiteren auf den Brief van Wervekes und Michels vom 14. November 1917 ein, indem er erläutert, wie er die Zensur durch die zensurtaktisch motivierte Gold- und Schmuckablieferungs-Anzeigeumgangen hat. In der Fassung des 1. *Ziegelbrenner*-Heftes, die er den Offizieren der Zensur-Behörde vorlegte, fand sich auf der letzten Umschlagseite ein kostenloses und unaufgefordertes Inserat in Fettdruck: „Bringt Euern Goldschmuck und Eure Juwelen zur Gold-Ankaufstelle." Es war nur in einem kleinen Teil der Auflage enthalten, in jenem Teil, der in der Hauptsache für München bestimmt war. Der größte Teil der Auflage hatte an der gleichen Stelle des Umschlags folgenden Text: „Gedenket der blutenden Männer und Söhne! Gedenket der Säuglinge, die Eure Unsterblichkeit sind."[52] Jetzt zitiert Marut im Januar-Heft 1919 wortwörtlich den Brief von Michels und van Werveke, die der der Zensur vorgelegte Text empört hatte. Da Marut das fertige Heft 2 bereits am 20. November in Händen hatte, also bei Empfang des Briefes, den er am 16. November erhalten hatte, das Heft schon im Druck war, wäre, seinen Worten nach, der „gute Rat" zu spät gekommen: „Aber die beiden Studenten irrten, wenn sie glaubten, dass ich kein unmittelbares Interesse an dieser Anzeige hätte. Ich hatte ein sehr unmittelbares Interesse daran, [...]. Aber trotzdem mein Interesse sehr groß daran war, so hätte ich doch lieber auf die ganze Herausgabe des „Ziegelbrenner" verzichtet, wenn ich jemals der Meinung gewesen wäre, dass eine kostenlose Anzeige für die Goldablieferung den Krieg verlängern könnte."[53]

15. Ret Marut: Der Ziegelbrenner. 1. Jahr. Heft 1. 1. September 1917. München 1917. 4. Umschlagseite.

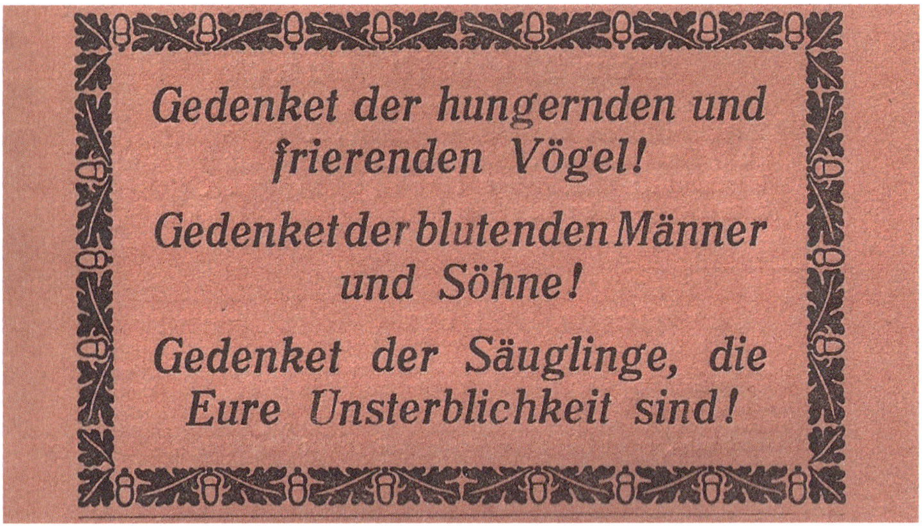

16. Ret Marut: Der Ziegelbrenner. 1. Jahr. Heft 2. 1. Dezember 1917. München 1917. 3. Umschlagseite.

Am 30. Januar 1919 wies Marut in Heft 15 des *Ziegelbrenner* ein weiteres Mal auf die von Deutschen verübten Gräueltaten in den besetzten Gebieten, darunter Luxemburg, hin,[54] bevor er am 10. März 1919 im Doppel-Heft 16/17 einen Brief und ein Gedicht von Pol Michels samt einem ermutigenden Kommentar abdruckte.[55] Michels widerfuhr die besondere Ehre, dass die Zeitschrift, die im Prinzip keine literarischen Beiträge veröffentlichte,[56] sein Gedicht *Eröffnung* abdruckte – sicherlich wegen der inhaltlichen Entsprechung mit den vom *Ziegelbrenner* verfolgten Zielen:

Eröffnung

Daß alte Zeit jetzt wieder platzt, – ob je wohl neue sein wird?
In Ruh Gott Stunden sammelt, solang ihn Satan nicht verwirrt!
Das Aufundab der Ewigkeiten schwankt schief konstanter Art,
Geschient an loser Höllenleiter auf der steil Bosheit ragt.

Die Nacht betreiben Demokraten krebsend mit Paradies,
Allda droht Niedertracht unendlich, denen man Glück verhieß!
Bekenne Mensch: Ein Bruder wird mich nie verraten,
Der leiden *will* (nicht: leidet) auf der Folter meiner Taten.[57]

An das Gedicht anschließend vermerkte Ret Marut, auch als Reaktion auf den an ihn gerichteten Brief[58] von Michels:

> Lieber P. M., ich weiß, daß Sie „Ausländer" sind, daß Sie im „Ausland" leben und daß Sie sich sonst der französischen Sprache bedienen; ich kenne Ihr Weh über die Taten, die deutsche Soldaten an Ihren Landsleuten und an Ihrer heimatlichen Erde verübten, die Sie selbst mit anzusehen gezwungen waren und die schweigend zu erdulden, Ihrem jungen Blute schmerzliche Qualen bereitete. Ich hörte aber auch (und der Vermittler[59] kennt Sie besser als Sie sich selbst), daß Sie alles das, was am deutschen Volke liebenswert und darum unvergänglich ist, nicht weniger innig liebten als ich. Und Sie haben mit einer Begeisterung, wie sie bei den Besten des deutschen Volkes nicht edler sein konnte, die Revolution in Deutschland mit glühendem Wünschen herbeigesehnt. In der kurzen Zeit Ihres Aufenthaltes in Deutschland bei steter Gefahr einer Zuchthausstrafe heißer herbeigesehnt als Tausende von denen, deren Pflicht es gewesen wäre, nur halb so viel für die deutsche Revolution zu tun, wie Sie zu tun versuchten. Ihre überstürzende und tastende Jugend sah das Kommen, aber vergriff den Weg. Nun schreiben Sie an .....[60]: Durch Ihre erschütternde Rede[61] bewiesen Sie immerhin etlichen, daß Ihre Bereitschaft war und daß Sie Ihretwegen und uns zur Gnade tätig waren.

Meine Bereitschaft? Ja, lieber P. M., Bereitschaft war! Aber in Ateliers verschwatzte man Bereitschaft und meinte, durch Camorra-Taktik ein mächtiges Cäsaren-Reich über den Haufen werfen zu können, während die Hirne noch besoffen waren. Diese Camorra-Taktik hätte die Cäsaren fett werden lassen und immer fetter. Camorra war deren liebster Wunsch. Sie werden das einmal verstehen!

Der
Ziegelbrenner
Briefe
an den
Ziegelbrenner
Preis dieses Heftes
Eine Mark
Verlag: „Der Ziegelbrenner", München 23

17. Ret Marut: Der Ziegelbrenner. 3. Jahr. Heft 16/17. 10. März 1919. München 1919. 1. Umschlagseite.

Vor dem Sarg der gemeuchelten Revolution können nicht Alle Das bezeugen. Ich bin traurig ...... 11. 2. 19.

Nichts gemeuchelt, lieber P. M.! Unbesorgt. Und weil keine Camorra da ist, sondern eine gewaltige Idee, darum seien Sie der gemeuchelten Revolution wegen nicht traurig. Die Meuchelung der Revolution ist ihr Gesund-Brunnen, sonst wäre sie verlottert. [...]"[62]

Es sollte wirklich nicht lange dauern, bis dieser „Gesund-Brunnen" eine radikalere Entwicklung ermöglichte. Und kurz nachdem es am 7. April 1919 zur Proklamation der zweiten Räterepublik in Bayern gekommen war, veröffentlichte am 12. April 1919 Pol Michels zusammen mit einem weiteren revolutionär gesinnten Studenten, nämlich Nicolas Konert,[63] einen Auszug aus dem *Ziegelbrenner* in der luxemburgischen sozialdemokratischen Zeitung *Die Schmiede* unter dem *Titel Über die Diktatur des Proletariats,* versehen mit dem Hinweis: *Aus der Rede des Ziegelbrenner.*[64]

Das war das letzte schriftliche Zeichen der Verbindung zwischen Marut und den luxemburgischen Studenten. Am 1. Mai 1919 erfolgte der Einmarsch und Sieg der Weißgardisten in München; Marut wurde verhaftet, jedoch gelang ihm die Flucht aus München. Am 6. August 1919 exmatrikulierte sich Pol Michels an der Philosophischen Fakultät der Ludwig-Maximilians-Universität München, gefolgt von Gust. van Werveke am 7. Oktober 1919. Beide waren der Aufforderung zuvorgekommen, die in den *Ziegelbrenner*-Heften 23-25 und 26-34 erschien und alle „nichtdeutschen Studenten" aufrief, den deutschen Universitäten und Schulen fern zu bleiben:

> Der Geist der Achtung vor der Volkszugehörigkeit eines Menschen, an der jeder Mensch unschuldig ist, muß erst errichtet werden. Haß und Unduldsamkeit sind keine Vorbedingungen, um zur Erkenntnis der Wahrheit zu gelangen. Das Suchen nach Wahrheit und Erkenntnis wird an deutschen Universitäten heute durch wüstes Geschrei und törichten Dünkel verhindert.[65]

Als unter dem Datum des 3. Dezember 1919 die Nummer 18/19 des *Ziegelbrenner* erschien, wurde es das letzte der sich in Michels' Besitz befindlichen Hefte.[66] Als letztes konkretes Zeichen einer weiteren Verbindung bleibt der Verweis auf eine Leseempfehlung,[67] die einem *Ziegelbrenner*-Heft beilag und die den Titel *Kampf der Presse!,* der „Mörderin der Geistigkeit, der Brutstätte der Korruption!" trug und die hinwies auf u. a. die Zeitschriften *Die Aktion, Die Erde, Der Gegner,* zu denen Michels Artikel lieferte, und besonders auf die Zeitschrift *Action* in Paris, zu deren Hauptbeiträger Michels ab 1920 zählte.[68]

Auf
zum Vernichtungskampf
gegen
die Presse

In diesem Kampfe sind alle Mittel so gut und so recht wie die Mittel, mit deren Hilfe man sich giftiger Reptilien erwehrt.

Die Befreiung der Menschheit von Lüge, Heuchelei und Unwahrhaftigkeit kann nur erfolgen durch rücksichtslose und mitleidlose Zertrümmerung der Presse.

Hinweg mit ihr, sie hindert die Menschheit am Vorwärtsschreiten.

Zur Verbreitung!
Die Rede des Ziegelbrenner
Die Welt-Revolution beginnt!
Als Flugschrift gedruckt.

3 Stück 35 Pfg. 30 für ℳ 2,40; 60 für ℳ 4,60; 140 für ℳ 10,—; 300 für ℳ 20,—; 500 für ℳ 30,—; 1000 für ℳ 55,—.

Die Rede wird nach den Wahlen zur National-Versammlung erhöhte Bedeutung gewinnen.

Um Postgeld zu sparen, schreibe man die Bestellung auf den Postscheck-Abschnitt (Postscheck: 8350 München).

Die Menschenrechte
Ein Dokument edlen Menschentums, die Grundform für den Aufbau wahrhafter Weltbürgerschaft
Zum ersten Male in deutscher Sprache veröffentlicht in Heft 4 „Der Ziegelbrenner"
Preis M. 1.—.

18. Ret Marut: Der Ziegelbrenner. 3. Jahr. Heft 16/17. 10. März 1919. München 1919. 3. Umschlagseite.

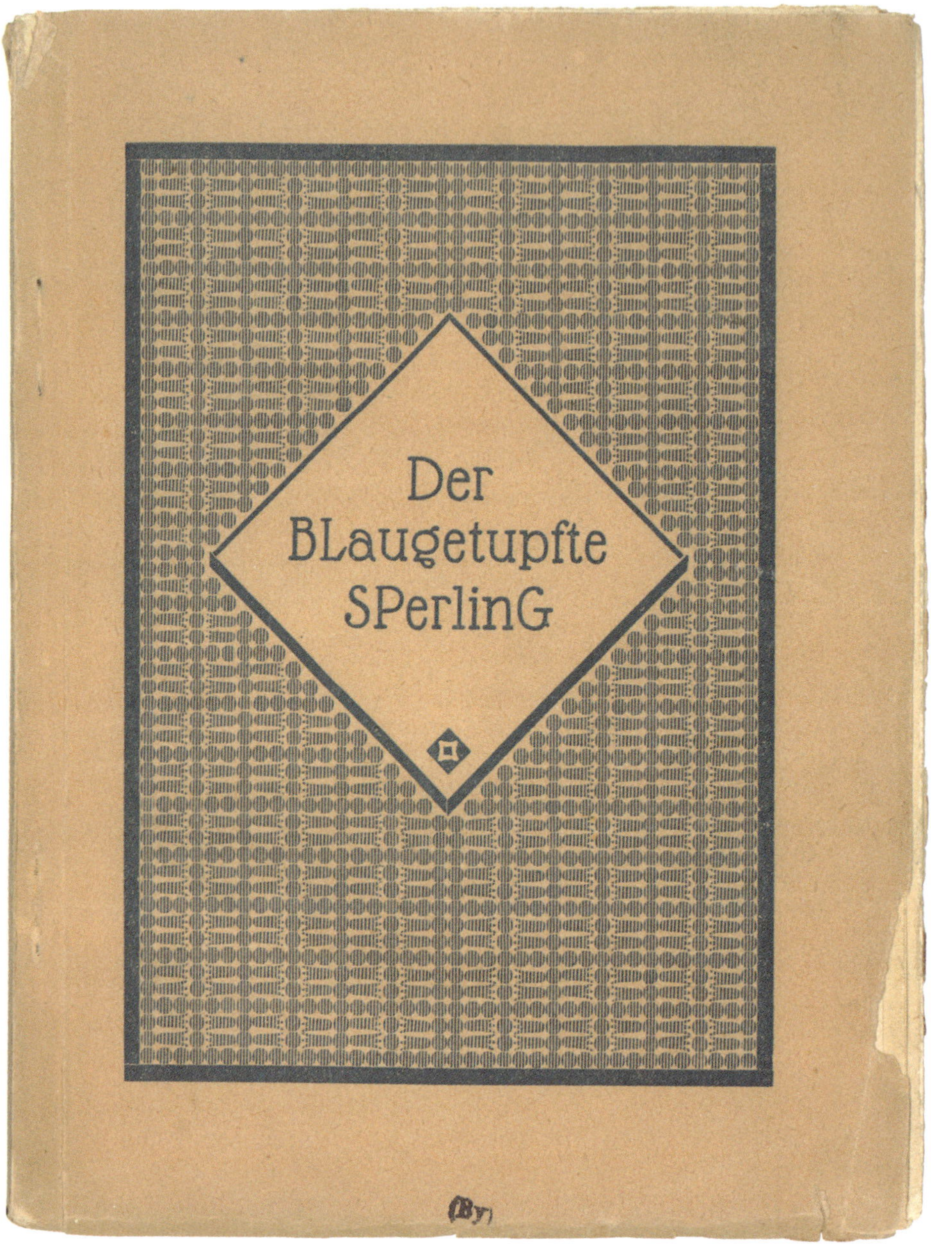

19. | [Ret Marut]: Der BLaugetupfte SPerlinG. Grotesken. Skizzen. Erzählungen. Der Ziegelbrenner Verlag. München 1919.

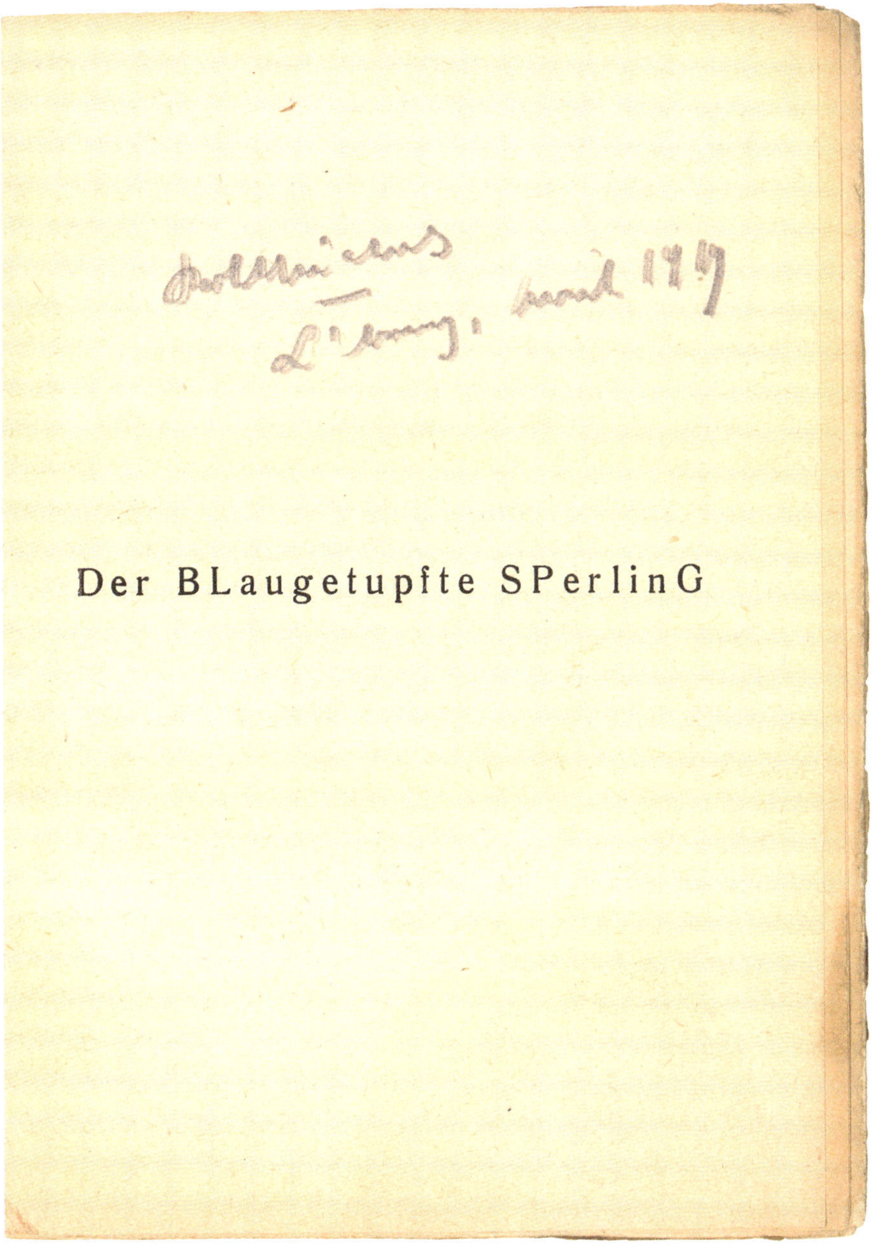

Handschriftlicher Besitzeintrag: Pol Michels L'bourg Avril 1919.

DIE POLITISCHEN UND SOZIALEN ÜBEREINSTIMMUNGEN ZWISCHEN RET MARUT, POL MICHELS UND GUST. VAN WERVEKE

Nur von wenigen Persönlichkeiten ist bekannt, dass sie Ret Marut von Angesicht zu Angesicht gegenüberstanden: Gustav Landauer, Kurt Eisner, Erich Mühsam, Ernst Toller. Oskar Maria Graf sagte, Marut habe sich überhaupt nie gezeigt, es habe immer ein geheimer Nimbus um ihn geschwebt:

> Ret Marut war eine der seltsamsten Erscheinungen jener Zeit. Er brachte noch im Laufe des Krieges das Kunststück fertig, eine höchst provokante Anti-Kriegszeitschrift unter dem Titel *Der Ziegelbrenner* trotz der verschärften Zensur herauszubringen. *Der Ziegelbrenner* war eine unscheinbare schmale ziegelrote Zeitschrift, die nur an persönliche Besteller ging, und Marut erklärte dem Zensor kaltblütig, daß es sich um eine harmlose, mehr vereinsmäßige Maurerfachzeitschrift handle. Marut, ein stiller, völlig zurückgezogener Mensch, welcher die Artikel selbst schrieb und druckte, erschien jedesmal persönlich vor dem Zensuramt und reichte das fertige Heft ein. [...] Der Zensor überflog alles, fand nie etwas zu beanstanden, genehmigte und drückte den Stempel auf den Umschlag. Der bescheidene Mann ging nach Hause, heftete in die Umschläge einen anderen Text, der meist aus einem krausen Buchstabengemenge von willkürlich nebeneinandergedruckten großen und kleinen Lettern zu bestehen schien, so daß jeder Mensch den Eindruck gewann, es handle sich um eine verrückte Literatenzeitschrift. Er verschickte die Hefte, und alles verlief glatt. In Wirklichkeit war diese Zeitschrift das flammendste Anti-Kriegspamphlet, eine ätzend scharfe revolutionäre Revue, die den Vergleich mit Karl Kraus' *Fackel* nicht zu scheuen hatte. Seit dem Verschwinden aus München hat man von Ret Marut nichts mehr gehört.[69]

20. | Ret Marut. Photographie. O. O. O. D.

Das Motto des *Ziegelbrenner* lautete: „Kritik an Zuständen und an widerwärtigen Zeitgenossen. Erscheint zwanglos wie manche Zustände und viele peinliche Zeitgenossen auch."[70] Und voreilige Besucher waren gewarnt: „Besuche wolle man unterlassen, es ist nie Jemand anzutreffen. Fernsprecher haben wir nicht."[71] So war der Bekanntenkreis um Ret Marut tatsächlich äußerst klein.[72] Zu diesem Kreis gehörten ohne Zweifel Pol Michels und Gust. van Werveke, die Jan-Christoph Hauschild als Maruts „geistesverwandte Freunde" bezeichnet.[73] Die geistige Verwandtschaft war wohl vor allem bei Michels, viel weniger aber bei van Werveke, in der absoluten individual-anarchistischen Haltung Maruts begründet, reiht doch der amerikanische Literaturwissenschaftler James Goldwasser Michels und van Werveke unter die „anarchist colleagues" des Ziegelbrenners ein.[74] Mit seinem eigenen radikalen Ich-Sein näherte sich vor allem Michels den Positionen Maruts an.[75] So hatte z. B. sein Artikel in der in Breslau von Walther Rilla herausgegebenen kulturpolitischen Zeitschrift *Die Erde* unter dem Titel *Politik in keinem Sinne. Eine Auseinandersetzung mit Mehreren* zum Thema die Emanzipation von jedem Einfluss, von jeder Persönlichkeit, von fremdem Denken, von politischer Hörigkeit, von der sozialen Notwendigkeit des Sich-Unterordnen-Müssens. Nach Michels lehne der freie Mensch jede Form von Herrschaft ab und unterwerfe sich keiner Persönlichkeit und keiner Partei: „Der Wille des zutiefst menschlichen Menschen ist sein Gesetz und Himmelreich, auf Gott zurückgreifend stemmt er sich gegen den in irgendwelche Form gekleideten Imperativ."[76]

Was Marut über seine Korrespondenz hinaus mit den jungen Luxemburgern, vor allen anderen mit Pol Michels, verband, waren im Allgemeinen sowohl Ansatz wie auch Zielrichtung seiner politischen und sozialen Einstellung: „[...] was mir als das höchste und edelste Ziel auf Erden gilt: Mensch sein zu dürfen! Nichts anderes will ich sein als Mensch, nichts als Mensch."[77] Auch forderte er seine Mitmenschen auf, an „die große Idee: ‚Wir wollen Menschen und Brüder sein!'"[78] zu glauben. Diese eher abstrakte Proklamation des ‚wahren Menschen', der aus der Weltkatastrophe des Krieges hervorgehen sollte, war eine genauso individualistische Definition wie das von der jungen Luxemburger Garde in ihren zahlreichen Schriften vertretene Idealbild des Menschen als Mitglied einer Gemeinschaft von Menschen:

> Radikalst wird Partei ergriffen für die Thronerhebung der Seele wider die Tyrannis des Hasses, der Waffe, des Geldes (: die bedingte Addition letzterer Gewalten mußte diese gottlosen, mit Blut, Eiter und unbeschreibbaren Schandmalen verbrämten Jahre erpressen!). [...] Lüge, Heuchelei, Gier und Neid: Gifte, die jede Innerlichkeit in Menschen töten, außerordentlich erfolgsichere Mittelchen, mit denen die Völkerverhetzung, die Verdummung der Massen betrieben wird, müssen peinlichst getilgt, in Grund und Boden eingestampft werden.[79]

Aus dieser Haltung entwickelten sich andere Ideen, die als gemeinsame Ziele der geistigen und politischen Erneuerung diskutiert wurden: Internationalismus, Antinationalismus, ja sogar Anationalismus:

> Die infame, unheilvolle Grenzpfahlzerstückelung der Staaten muß behoben, die patriotische Gurgel erdrosselt werden. Forderung und Zweck des elementaren Aufruhrs: Erdballgesinnung![80]

Politische Übereinstimmungen zwischen Marut und seinen Luxemburger Anhängern bestanden zu diesem Zeitpunkt auch im dezidiert vertretenen Pazifismus und im idealistisch-ethischen Sozialismus[81] im Sinne Landauers, Eisners und Tollers, später auch im Bekenntnis zur Oktoberrevolution in Russland, zum revolutionären Proletariat in Deutschland und zur Diktatur des Proletariats. Darüber hinaus gab es auch Parallelen zwischen Marut, Michels und van Werveke im anfänglichen Glauben an die Novemberrevolution in Deutschland und in der desto größeren Enttäuschung über deren spätere Entwicklung.

Aber nicht nur in der Haltung, sondern auch im Handeln wussten sich Marut, Michels und van Werveke einig gegen alles, was der *Ziegelbrenner* zwischen 1917 und 1923 anprangerte: Krieg, Nationalismus, kapitalistischer Staat sowie alle Institutionen, die ihn tragen, darunter besonders die Kirche und die Presse.

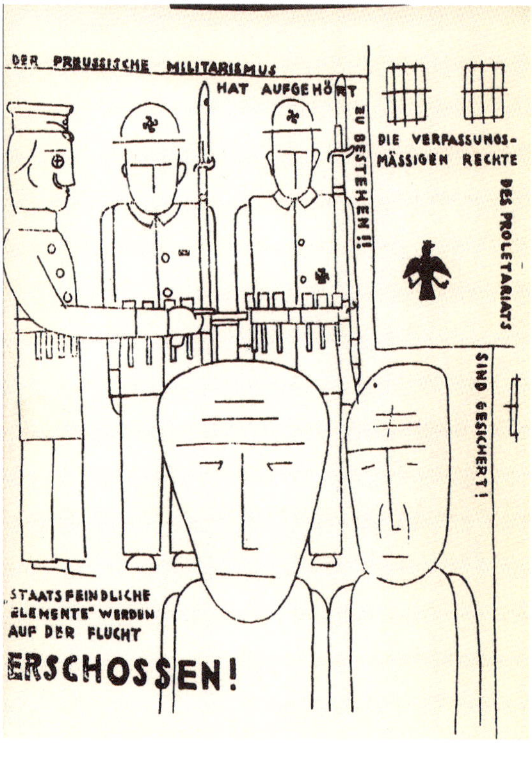

21. Franz Wilhelm Seiwert: Sieben Antlitze der Zeit. Zeichnung.

1. KAMPF GEGEN DEN KRIEG

Von der ersten Nummer des Ziegelbrenner an trat Marut mitten im Krieg für Völkerverständigung und Völkerfreundschaft und gegen Militarismus ein:

> Sicher ist, daß man schon sechs Monate nach Friedensschluß nicht mehr glauben wird, jemals einen solchen Haß, solche Lieblosigkeit, solche Verständnislosigkeit, solche Unvernunft besessen zu haben. [...] Das langsame Austrocknen dieser Ströme von Blut und Tränen, die ungeheuren Lasten, die Siegern und Besiegten – sofern es überhaupt solche geben wird – aufgebürdet werden müssen, das Wiederanknüpfen früherer Beziehungen – und sie müssen alle wieder angeknüpft werden – , das Wieder-Aufbauen von Wohnstätten, Äckern und Nutz- und Kulturgütern hat in jeder Hinsicht sein Gutes. Denn es verhindert Jahrzehnte hindurch diejenigen, die mit dem Ausgang des Krieges nicht zufrieden sein werden, ein solches Weltunglück in absehbarer Zeit wieder heraufzubeschwören. Es ist nicht auszudenken, daß in den ersten hundert Jahren auch nur ein einziger Mensch das verfluchte, aber ehedem so beliebte Wort vom „frischen, fröhlichen Krieg" und von dem Kriege als „Blut- und Lebensauffrischung einschlafender Völker" wieder aussprechen könnte.[82]

So erkannte auch Gust. van Werveke in seiner Rezension von Pfemferts *Aktionsbuch* in der *Voix des Jeunes* das Grauen, das Entsetzen und das Leid, die seit Kriegsbeginn über Europa hereingebrochen waren. Pfemferts Werk war für den Rezensenten nicht nur eine Anklage gegen den Krieg, sondern gegen die Weltauffassung, die ihn möglich gemacht hatte. Deshalb verbot sich für den Rezensenten eine rein literarische Bewertung und er legte sein Hauptaugenmerk auf den „geistigen Pazifismus" der Anthologie:

> [Pfemferts] Organ ist das einzige bürgerliche Blatt Deutschlands, das nach dem August 1914 nicht „umlernte" und der Menschlichkeit nicht vergaß. In seinem Sammelwerk schleudert er nun einen flammenden Protest, konzentriert aus hundert gewichtigen Stimmen, gegen materiellen und psychischen Militarismus. Dokument wahrhaft neutraler Gesinnung, ist es für alle diejenigen von besonderem Interesse, die, wie wir, geborene Vermittler heute sich bekämpfender Kulturen sind. Es zeigt gleich den „Menschen im Kriege" und dem „Feuer" einen Seelenzustand im Werden, der die Menschheit als potentiell höchste Macht betrachtet, und darum auch den politischen Ausdruck derselben in unablässigem Wollen finden wird.[83]

22. Franz Wilhelm Seiwert: Sieben Antlitze der Zeit. Zeichnung.

2. KAMPF GEGEN DEN NATIONALISMUS

Marut, der wie Michels und van Werveke für ein „heiliges Weltbürgertum“[84] eintrat, lehnte jegliche Nationalität ab: „Und Staat heißt: Krieg; und Vaterland heißt: Krieg. Und so lange noch Menschen auf Erden wohnen, für die es einen Begriff 'nationale Ehre‘ gibt, so lange droht uns die Gefahr eines neuen Krieges.“[85] Auch war für Marut Heimat nicht „ein Stück Erde […], sondern ein Begriff, ein Begriff, der sich andeutungsweise nennen läßt als ‚Zugehörigkeit zu einer begrenzten Kultur- und Gedankenwelt, die in der Sprache ihren sichtbaren Ausdruck findet‘“.[86] Gerade in diesem Kontext besetzten die Luxemburger eine interessante Position, behüte sie doch laut van Werveke die „Kleinheit der Verhältnisse […] vor National-Leidenschaft und dem Begriff des Vaterlands“. Sein Beitrag *Wir Zwischenländler* in der Kölner Zeitschrift *Der Strom* bezog sich auf die luxemburgische Mittlerfunktion im deutsch-französischen Kulturtransfer und zeugte vom Glauben daran, dass menschliche Gemeinsamkeit deutsch-französische Kultur-Diskrepanzen auflösen werde:

> Dies aber ist was ich als Zwischenländler Zwischenländlern zu sagen für Pflicht halte: Luxemburg muß vergessen, daß es von 1914-18 französisch; das Rheinland, dass es in denselben Jahren preußisch dachte. Beide müssen sich daran erinnern, daß sie vor der großen Katastrophe, zwischen zwei Kulturen ge-

> stellt, in deren Synthese schönste Aufgabe sahen. Das Land zwischen Verdun und Mainz, zwischen Longwy und Koblenz, zwischen Spa und Köln, es ist das Reich Lothars. Militaristisch verseuchte Jahrhunderte haben es nur unter dem Gesichtswinkel strategischer Erwägungen betrachtet. Geistig gerichtetes Streben, (dem Menschheitspolitik für alle Völker beste Strategie ist), muß in dem Tale des Rheins nicht trennenden Abgrund, sondern verbindende Brücke sehen. Wir wollen unsere Eigenart betonen, nach Osten, nach Westen. Aber diese Eigenheit, die vom Osten, vom Westen enthält, wollen wir in den Dienst des größeren Ganzen stellen, das die Menschheit ist.[87]

Die Luxemburger, so van Werveke, seien immer mit Bewusstheit Zwischenländler und Brückenbauer gewesen, und daraus ergab sich für ihn zwingend die Schlussfolgerung:

> Zwischenland, Ausguckland! Von den Hemmnissen Inmittenseins befreit können wir künden, was (zum Neubau) zu zerstören bleibt. Können sehen wie es sich allenthalben regt, Faden zu spinnen von Land zu Land, von Volk zu Volk. Jenen hier und jenen dort, die sich suchen und ahnen zu sagen, wie sie sich finden können ist erster Dienst. Vermittler und Helfer zu sein, sei unser schönster Traum! Nach Wahnsinnswüten von neuem ist Geistwirken möglich. Als Zwischenländler — den Nationen ferner, der Menschheit näher — wäre fluchwürdiger für uns als für alle verantwortungsloses, feig untätiges Abseitsstehen![88]

23. Franz Wilhelm Seiwert: Wie lange noch? Linolschnitt. O.O. O. D.

3. KAMPF GEGEN DEN STAAT

Für Marut war der Mensch immer wichtiger als der Staat: „Die Ergebenheit unter den Staatsbefehl, die Unterordnung des Einzel-Menschen (des Individuums) unter die Gesamtheit darf niemals das Ziel der Menschheit werden. Nicht der Staat ist das Wichtigste, sondern der Einzelmensch ist das Wichtigste."[89] Im Gegensatz dazu laute die offizielle Doktrin, dass der Einzelne nichts zu gelten habe und der Staat alles sei. Auf dieser „Irrlehre" baute sich für Marut der ganze Imperialismus auf, und nur mit Hilfe dieser Anschauung war es möglich, Krieg zu führen: „Was wir aber bisher für ‚Staat' ansahen, war ewiger Zwang für den Menschen [...]. Und dieser Zwangs-Staat muß notwendigerweise immer zu einem Mittel werden, das nicht der Menschheit nützt, sondern einigen wenigen Herrscher-Kreaturen; dieser Zwangs-Staat muß notwendigerweise zu Vergewaltigungen anderer Völker führen."[90] Und nachdem „Noske der Deutsche"[91] und der „überfressene Kriegsgewinnler und Revolutionsschieber Ebert" ihre Ordnung, „aufgerichtet auf den Leichen von viertausend braven revolutionären Arbeitern" hatten, stand für Marut fest: „Und darum will ich den Staat zertrümmern und in Fetzen reißen, denn er ist der Tyrann, der einzige Tyrann. Nur durch ihn gibt es Mörder, nur durch ihn gibt es Verbrecher."[92] Denn: „Von den dreien: Staat, Regierung und Ich, bin Ich der Stärkste. Das merkt euch!"[93]

Gleichermaßen rief Michels auf zur Abschaffung des „bourgeoisen Raubstaates",[94] zur „Zerstörung des kapitalistischen Schieberstaates".[95] Unter dem Titel *Neue Politik*[96] lieferte er in der *Voix des Jeunes* eine politische Analyse der Gegenwart und schloss grundsätzliche, theoretische Überlegungen zur Ausrichtung einer neuen Staatsführung an. Nachdem das Ancien régime und der Feudalismus durch „die Despotie abgefeimter Kretins, feiger Mummelgreise und demagogesker Phraseure" abgelöst worden sei, missbrauche immer noch eine Allianz aus Schwerfinanz, Großindustrie und Grundbesitz das ewig betrogene Volk, um ihre Klasseninteressen und Profite zu sichern. Die Mittel dazu seien allgemeines Wahlrecht, Parlamente der „Suffisanz und statischer Borniertheit", anti- und klerikale Parteiministerien. Alles im Staat geschehe vordergründig durch eine Gesamtheit zugunsten einer „Gesamtschaft": „Das Prinzip ist natürlich ausgezeichnet und jeder Weltfreund loht Flammen der Begeisterung seinetwegen". Aber der Eingriff von Klüngel jedweder Couleur hintertreibe diese einzigartige Idee, indem die Vertreter dieser Kungelei die Herrschaft über Kirche, Gerichtsbarkeit und Schule mit einer durch falsche Reden, Lügen, Meineide und Banknoten konstruierten Mehrheit verquickten, welche der Willkür einer ausschließlich auf materiellen Vorteil erpichten Gruppe blindlings folge.

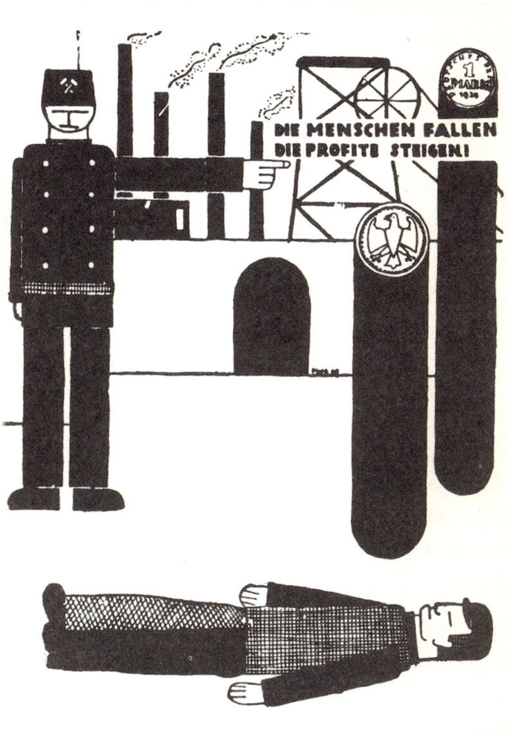

24. Franz Wilhelm Seiwert: Die Menschen fallen, die Profite steigen! Tuschezeichnung. O. O. 1924.

4. KAMPF GEGEN DEN KAPITALISMUS

Schon in der ersten Nummer des *Ziegelbrenner* hatte Marut darauf verwiesen, dass der Kapitalismus und die von ihm „durch und durch verseuchte Weltanschauung", nämlich dass alles, was Geld bringt, für gut, richtig und vernünftig gehalten werde, der letztendliche Grund für den Krieg sei und somit selbst alle Ideale, für die gekämpft werde, nur „verzauberte Geldbegriffe" seien:

> Der Kapitalismus ist es gewesen, der den Menschen eingeredet hat: Das Höchste des Lebenszieles ist Geld-Erwerb, [...]. Haben wir uns aber erst einmal zu der Auffassung bekannt, daß Geld das Erstrebenswerteste des Erdendaseins ist, so sind wir schon so in seinem Bann, daß uns alles, was nicht mit Geldgewinn zusammenhängt, nichtig erscheint, dagegen alles, was Geld bringt, für gut, für richtig und für vernünftig gehalten wird, sei es auch sonst das Niederträchtigste alles Handelns.[97]

Auch Michels machte als Ursache für die Kriegskatastrophe und die Nachkriegsentwicklung in Deutschland den Kapitalismus aus:

> Die Grundursache der ungeheuerlichen Katastrophe ist herzuleiten aus dem kapitalistischen Chaos, dessen sine qua nons bedingten Ausläufer: barbarisches Ausbeutertum und künstlich geschürte Expansionsgewalt der isolierten Zwangsgemeinschaften. [...]. Die Entherzten durften ruhig weitere Vermögen aus Vergewaltigung, Massengrab, Mutterweh und dem Hungertode unzähliger Säuglinge destillieren.[98]

25. Franz Wilhelm Seiwert: Sieben Antlitze der Zeit. Zeichnung.

5. KAMPF GEGEN DIE KIRCHE

Selbst für die Kirche bedeutet der Krieg, laut Marut, nichts anderes als „Sicherung des Besitzes, Sicherung des Mehrwertes, Festigung der eigenen kapitalistischen und politischen Macht“:

> Wenn [die Stellvertreter Christi auf Erden] die wundervollen, einfachen, gedankenreichen Worte ihres proletarischen Meisters sprechen, so tun sie es nicht wie er, im härenen Gewand, sondern in goldgestickten Gewändern [...]. Und sie haben Güter, und Ländereien, und Riesen-Gebäude, und Säcke voll Geld, und

> Aktien [...]. Und sie sind für den Krieg und verleugnen Christentum, weil sie um ihres Besitzes willen für den Staat und gegen den Anti-Staat sein müssen. Wie unendlich hoch über ihnen stand Petrus, der proletarische Fischer! Und ich rufe: ‚Christe! Christe! Komm und reinige Deinen Tempel! Darum Gesellen, Christus ist weit und der Himmel ist hoch: Sorgt, daß man den Dienern Gottes alles nehme, was sie besitzen; [...]. Der Pfaff ist das Christentum nicht wert; [...].[99]

An den Kirchensäulen klebten die Kriegsanleiheplakate und von den Kanzeln herunter werde Propaganda gemacht für Banken- und Börsengeschäfte: „Wer nach diesen Schandtaten der Stellvertreter Gottes auf Erden heute immer noch Mitglied der Kirche – ganz gleich, ob sie protestantisch, katholisch oder jüdisch ist – sein kann, ohne vor Scham seinem Gotte gegenüber zu erröten, der verdient seine Pfaffen. Der mag sie auch behalten."[100]

Auch Michels, der zu seiner Münchener Zeit gerade von van Werveke selbst als „Vorbild eines mit einer Dornenkrone gequälten Christus, dem jeder überirdische Glauben abhanden gekommen wäre"[101] beschrieben wurde, war wie Marut der Überzeugung, es seien die Konfessionen gewesen, die Schuld am Krieg trugen. So griff er in schärfsten Worten in der radikalen, kommunistisch und international ausgerichteten Berliner Zeitschrift *Der Gegner* beide Kirchen an:

> Uni sono segneten die Konfessionen, diese Werkzeuge des despotischen Staates, die Gewalt ab, erhoben sie zum exklusiven Attribut der göttlichen Natur und stilisierten mit der Feierlichkeit einer quietschenden Wasserpumpe dieses allfressende Mastodon, den Menschen, zum „Helden". Die dicken Tümmler, die das Evangelium besudeln, die Banditen, die den Wein vergiften, den der Nazarener den Besitzlosen einschenkt, die fettbäuchigen Pfaffen, die dem Besitzertum ergeben sind und die Seelen korrumpieren und die Armen berauben... Die evangelischen Pastoren, diese Schakale des Großkapitals, ergebene Lakaien des erpresserischen Staates, die in seinem Namen die Heimatliebe, den Fremdenhaß und den Mord verherrlichen, indem sie die Mörder auf dem Schlachtfeld rühmen – das sind die Komplizen Beelzebubs bei seinem unbeschreiblichen Kampf gegen das Gute. Meisterhaften Fälschern gelang es unter Aufbietung aller Kräfte, den unendlich zarten und menschlichen Klang in der Botschaft des Proletariers Jesus zu ersticken. Marias uneheliches Kind wollte die Menschheit mit unkomplizierten und herrschaftsfeindlichen Lehren vermenschlichen. Die Mammonanbeter, Epigonen des Betruges, machten daraus ein Mittel der Unterdrückung. Eines Tages schlugen sie den Messias ans Kreuz und nagelten dann auch noch seine Flügel ans Holz. Wütend verteidigen sie ihre Diebesbeute, erbarmungslos saugen sie ihre Mitmenschen aus, ihre Befehle werden widerspruchslos hingenommen. Die Heldenscharen und die Schlachtfelder sind die Früchte ihrer Heimtücke. Das Massaker von 1914—19(!) ist eine Darbringung ihrer „Ideale".[102]

Menschen!

Die Veredelung des Menschengeschlechts, der Aufbau wahrhafter Kultur beginnt mit der Beseitigung und der völligen Vernichtung der Presse. Hier ist jede Gewaltanwendung, jede Sabotage, jede Zerstörung berechtigt, sofern dabei kein Menschenblut vergossen wird. Wanzen, Zeitungen und ähnliches Ungeziefer notwendigenfalls mit Gewalt zu vernichten, erfordert das Kultur-Bedürfnis des Menschen. Die Notwendigkeit ist längst erwiesen und wird täglich aufs Neue bewiesen. Wie bei Läusen und Wanzen, so sind auch bei der Presse Proteste, Resolutionen, Sozialisierungs-Pläne und ähnliche rein geistige Waffen fruchtlos. Jede Revolution verfehlt ihren Zweck, die nicht diese Tat (Beseitigung der Presse) zu allererst verrichtet.

Der Ziegelbrenner.

Herausgeber: Der Ziegelbrenner. Schriftleiter: ist den Abonnenten bekannt. Verantwortlich in Not-Vertretung: Arthur Terlehn in Neustadt. Verlag: Ziegelbrenner-Verlag. Druck: Rudolf Stupperg, Wien-Alsergrund.

26. Ret Marut: Der Ziegelbrenner. 3. Jahr. Heft 18/19. 3. Dezember 1919. München 1919. 4. Umschlagseite.

6. KAMPF GEGEN DIE PRESSE

War für Marut während des Krieges auch der „Pfaff der größere Schurke“, so blieb für ihn der Journalist doch der „größte Lügner“.[103] In seinem erbitterten Kampf gegen die bürgerliche Presse, die er als das hauptsächliche Verdummungsinstrument der Massen ansah, fand Marut in Michels einen geistesverwandten Mitkämpfer in Sachen exzessiver Presseglossierung und pazifistischen und gesellschaftskritischen Journalismus. So verkündete noch das letzte Heft des *Ziegelbrenner* am 21. Dezember 1921 auf der 2. Umschlagseite: „An alle! Keine Revolution führt zum Ziel, wenn nicht vorher die Presse erbarmungslos vernichtet wird!“[104] Aber schon auf der 3. Umschlagseite des *Ziegelbrenner*-Heftes vom 30. Januar 1919 hatte Marut zu diesem „Vernichtungskampf“ gegen die Presse aufgerufen:

> In diesem Kampfe sind alle Mittel so gut und so recht wie die Mittel, mit deren Hilfe man sich giftiger Reptilien erwehrt. Die Befreiung der Menschheit von Lüge, Heuchelei und Unwahrhaftigkeit kann nur erfolgen durch rücksichtslose und mitleidlose Zertrümmerung der Presse. Hinweg mit ihr, sie hindert die Menschheit am Vorwärtsschreiten.[105]

Die gleichen Töne wurden auch am Ende des Jahres 1919 auf der 4. Umschlagseite des Ziegelbrenner-Heftes angeschlagen:

> Menschen! Die Veredelung des Menschengeschlechts, der Aufbau wahrhafter Kultur beginnt mit der Beseitigung und der völligen Vernichtung der Presse. Hier ist jede Gewaltanwendung, jede Sabotage, jede Zerstörung berechtigt, sofern dabei kein Menschenblut vergossen wird. Wanzen, Zeitungen und ähnliches Ungeziefer notwendigenfalls mit Gewalt zu vernichten, erfordert das Kultur-Bedürfnis des Menschen. Die Notwendigkeit ist längst erwiesen und wird täglich aufs Neue bewiesen. Wie bei Läusen und Wanzen, so sind auch bei der Presse Proteste, Resolutionen, Sozialisierungs-Pläne und ähnliche rein geistige Waffen fruchtlos. Jede Revolution verfehlt ihren Zweck, die nicht diese Tat (Beseitigung der Presse) zu allererst verrichtet.[106]

Für Marut standen die Presse, die „verfluchteste Lügnerin“,[107] und die Journalisten, die reinsten „Zuhälter“,[108] im Sold des Kapitalismus und des Imperialismus und waren eine Seuche am Körper und an der Seele des Menschen:

> Menschen! Ihr habt nur einen Feind. Er ist der verkommenste von allen. Tuberkulose und Syphilis sind furchtbare Seuchen, unter denen der Mensch leidet. Unermeßlich furchtbarer, tückischer und bösartiger am Körper und an

> der Seele des Menschen wütet die alles verheerende Seuche: Oeffentliche Hure Presse. [...] Alle Sünden werden dem Menschen vergeben, die Sünde wider den Geist wird dem Menschen in Ewigkeit nicht vergeben. Vernichtet die Presse, peitscht ihre Zuhälter aus der Gemeinschaft der Menschen und es wird Euch Vergebung werden für alle Eure Sünden, die Ihr begingt oder die Ihr noch begehen werdet. Keine Versammlung, keine Zusammenkunft von Menschen darf vor sich gehen, ohne daß nicht Euer gellender Schrei ertönt: Vernichtet die Presse![109]

Auch Pol Michels' Invektiven gegen den Journalismus, unter Verwendung eines Begriffs wie „Journaille", griffen die Prostitutionsmetapher der „Oeffentlichen Hure Presse" expressis verbis auf und vermischten sie mit weiteren sexuellen Konnotationen:

> Der verhurte Journalismus, dieser Irrgarten des Treuebruchs, unausschöpfliches Reservoir von Exkrementen, hält seine Waren wohlfeil. Priapos erschuf ihn beim Masturbieren. [...] Die Seele eines Journalisten ist aus Schlamm und Krätze geknetet. Gezeugt im Schweinemist, eine Kloake als Wiege; der Journalist stürzt sich mit Elan auf die Exkremente der Waldkäuze, der Chefredakteure dieser Schmierblätter. Diese Schmierfinken, Parasiten der Gefräßigen, Marionetten der halsabschneiderischen Industriellen, Lakaien der räuberischen Croupiers, verdecken in einem Schwall abgelagerter Gefühle ihre Laster, indem sie die Röcke der Jungfräulichkeit hochraffen.[110]

In diesem Zusammenhang beschimpfte Michels z. B. in der luxemburgischen kommunistischen Zeitung *Der Kampf* den Arbeiterführer und Journalisten Jean Schaack-Wirth als „politischen Pornographen" und warf ihm vor, in seiner Zeitschrift *Der arme Teufel*, die er als „offene Kloake" bezeichnete, nur „konterrevolutionären Mist" zusammenzuführen.[111]

Mit dieser Begrifflichkeit stand Michels den Invektiven Maruts gegen die Presse in keiner Weise nach, der die *Görlitzer Zeitung*, welche die exorbitanten Annexions- und Entschädigungsforderungen eines Mitglieds des preußischen Herrenhauses abgedruckt hatte, auf das Wüsteste abkanzelte. „Keine arme Straßenhure", sei es gewesen, „die sich zu jeder Perversität eines Wahnsinnigen bereithält", sondern eine deutsche Tageszeitung habe „sich willig" gezeigt, „einem knallstrotzenden Ueberpotenten [...] ihre Spalte zu öffnen, um ihm jedwede Befriedigung zu gewähren." Nach diesem „Orgasmus eines deutschen Mannes" sei „die Sperma-Flüssigkeit des ‚einen deutschen Frieden Wollenden'", zum Schaden zukünftiger Friedensverhandlungen, im Ausland in mehrere Sprachen übersetzt und in Millionen von Exemplaren verbreitet worden.[112]

meine Hände und mein Gewissen rein sind. Ich habe keinen Pfennig Kriegsanleihe gezeichnet, ich habe mich in meiner Zeitschrift nicht durch die glänzend bezahlten Kriegsanleihe-Inserate zum Mitschuldigen gemacht, ich habe den Krieg mit allen Waffen, die mir zu Gebote standen auf meine eigene Weise bekämpft, ohne Gesinnungsfreunde, ohne Genossen, ohne Rücksicht darauf, ob meine eigene Person bedroht war oder nicht. Ich sage das nicht, um Rühmens davon zu machen: denn ich handelte nicht, weil ich so handeln wollte, sondern weil ich aus innerem Zwange so handeln mußte. Und ich weiß, daß Tausende in Deutschland, in England, in Frankreich, in Italien, in den Vereinigten Staaten so dachten wie ich.

Wer aber Riesen-Dividenden eingesackt hat, wer das hungernde Volk bewuchert hat, wer den Menschenmord zu einem gewinnbringenden Geschäft machte, wer die Menschheit mit voller Absicht und mit vollem Bewußtsein belog, betrog, beschwindelte (die Zeitung und der Zeitungsschreiber), um Vorteile (Orden, Titel und vor allem Geld und nochmals Geld) dadurch zu erlangen, der schreit nach der sofortigen Einberufung der National-Versammlung, **der fürchtet die Diktatur des Proletariats.**

Aber dieses Gesindel **soll** die Diktatur des Proletariats auch fürchten! Und je mehr diese verrottete Gesellschaft die Diktatur fürchtet, umso besser für alle, die endlich einmal „Menschen" sein wollen. Die Diktatur des Proletariats will nicht, daß Menschenblut vergossen wird. Aber wenn das Proletariat durch die schamlosen Verhetzungen derjenigen Leute, die gern wieder herrschen möchten, gezwungen werden sollte, Menschenblut zu vergießen, so wird dieses Blut doch niemals und in aller Ewigkeit nicht solche Meerbecken von Blut anfüllen, wie das Blut, das deutsche und nichtdeutsche Söhne hingeben mußten für die Interessen des Kapitals, für die Interessen derer, die niemals wieder zu Macht und Einfluß, niemals wieder zur Herrschaft kommen dürfen.

Habt Acht auf die Geistlichkeit aller drei Konfessionen. Habt Acht auf die Frauen, die unter dem Einfluß der Geistlichkeit aller drei Konfessionen stehen. Droht der Geistlichkeit Konfiskation aller Kirchengüter an, sobald sie ihre kirchliche Macht benützen will, Zerbrochenes und Gestürztes wieder aufzurichten. **Nur diese Drohung allein** schützt Euch vor den Mächten des Hinterhalts.

Achtet auf die Frauen! Achtet auf die Frauen, Männer der Revolution! Vergeßt der Frauen nicht! Durch die neue Wahlordnung erhalten etwa einundzwanzig Millionen deutscher Frauen das Wahlrecht. Das ist gut so; denn warum soll die Frau nicht wählen, wenn man ihr schon das Recht läßt, um den

8

27. | Ret Marut: Die Rede des Ziegelbrenner. Die Welt-Revolution beginnt (Auszug).

7. KAMPF FÜR DIE DIKTATUR DES PROLETARIATS

Eng verbunden mit dem Kampf gegen Staat, Presse und Kirche war der Einsatz für den Hauptprotagonisten in diesem Gefecht, das Proletariat, dessen Diktatur als Garant für die Umwandlung aller politischen und gesellschaftlichen Missstände gesehen wurde. So behauptete Marut, er fühle sich unter der Diktatur des Proletariats „so unendlich frei und froh und glücklich", wie er sich in seinem ganzen Leben noch unter keiner Regierung gefühlt habe:

> [Die] Diktatur des Proletariats [ist] nicht die Diktatur einer Minderheit – wie der Journalist mir vorschwindelt – sondern die Diktatur der Mehrheit des deutschen Volkes; denn die große Mehrheit des arbeitenden und bäuerlichen Volkes – und diese beiden Volksschichten bilden die unbedingte Mehrheit des Volkes – stehen hinter dieser Diktatur.[113]

So begrüßte Marut die Russische Oktoberrevolution als „das gewaltigste und folgenschwerste Ereignis für den Fortschritt menschlicher Entwicklung"[114] und gab seiner Zustimmung zur vom Spartakusbund propagierten Diktatur des Proletariats und der demokratischen Kontrolle der Arbeiter über die Produktionsmittel und die Betriebe vielfach in seiner Zeitschrift Ausdruck:

> Wer aber Riesen-Dividenden eingesackt hat, wer das hungernde Volk bewuchert hat, wer den Menschenmord zu einem gewinnbringenden Geschäft machte, wer die Menschheit mit voller Absicht und mit vollem Bewusstsein belog, betrog, beschwindelte (die Zeitung und der Zeitungsschreiber), um Vorteile (Orden, Titel und vor allem Geld und nochmals Geld) dadurch zu erlangen, der schreit nach der sofortigen Einberufung der National-Versammlung, <u>der fürchtet die Diktatur des Proletariats</u>. Aber dieses Gesindel <u>soll</u> die Diktatur des Proletariats auch fürchten! Und je mehr diese verrottete Gesellschaft die Diktatur fürchtet, umso besser für alle, die endlich einmal ‚Menschen' sein wollen. Die Diktatur des Proletariats will nicht, daß Menschenblut vergossen wird. Aber wenn das Proletariat durch die schamlosen Verhetzungen derjenigen Leute, die gern wieder herrschen möchten, gezwungen werden sollte, Menschenblut zu vergießen, so wird dieses Blut doch niemals und in aller Ewigkeit nicht solche Meerbecken von Blut anfüllen, wie das Blut, das deutsche und nichtdeutschen Söhne hingeben mußten für die Interessen des Kapitals, für die Interessen derer, niemals wieder zu Macht und Einfluß, niemals wieder zur Herrschaft kommen dürfen.[115]

Und auch den Bolschewismus definierte Marut als „eine Kultur-Bewegung […], die größte Kultur-Bewegung vielleicht seit zweitausend Jahren."[116] Aber schon Anfang Dezember 1919 räumte er ein: „[…] es kann geschehen, daß die Kommunistische Partei, einmal zur Macht gelangt, die Anhänger ihrer nachfolgenden Partei vielleicht ebenso verfolgt, wie die Kommunisten heute von den Sozialdemokraten verfolgt werden."[117] Maruts spätere Ablehnung der kommunistischen Partei und ihrer Doktrin lag darin begründet, dass er in ihr eine bloße Umkehrung der Herrschaftsverhältnisse statt Abbau von Herrschaft erkannte.

Pol Michels seinerseits, der bezeichnenderweise den Auszug aus der Rede des *Ziegelbrenner* unter das Motto der Diktatur des Proletariats gestellt hatte, erläuterte den Begriff in einem Beitrag in der *Aktion* unter dem Titel *Proletarische Weihnachtspredigt.* Angesichts der politischen Entwicklung in Deutschland nach der Novemberrevolution sabotiere jeder Rebell, der jetzt noch von unmittelbarer Herrschaftslosigkeit fasele, der sich jetzt noch in friedfertigem Getue und indolenter Verneinung gefalle, die Weltrevolution. Eine neue Welt werde nicht mehr in Bethlehem errichtet, denn nur nach einer rücksichtslosen Zerstörung könne ein neuer Aufbau beginnen. Einzig und allein sei Diktatur die Grundbedingung einer wirklich revolutionären Politik, und der einst verkündete Frieden könne nur durch rücksichtslosen Klassenkampf erreicht werden – selbst auf die Gefahr hin, Tolstois Vermächtnis arg zu strapazieren:

> Rauh und hart sind wir geworden, ich möchte sagen roh […]. Ein zweites Golgotha in Güte … wird unerbittlich zu vermeiden sein. Das Christentum hat den Weltkrieg ermöglicht, mit Tränen fängt man kein wütendes Raubtier ein. […] „Diktatur" ist das Schicksalswort einer wirklich revolutionären Politik. […] Wir möchten das unendliche Wort vom Friede auf Erden endlich wahr haben … und sind begeisterte Anhänger des rücksichtslosen Klassenkampfes. Wissen wir doch, daß Tolstois Evangelium der ungehemmten Gewaltlosigkeit, daß sein Bekenntnis zur lebenstiefen Güte und vollständigen Entsagung erst am Ende der notwendigen Herrschaft des Proletariats verwirklicht werden kann. Ein junger, leidenschaftlicher Franzose gab uns die erschütternde Definition: „Der wahre Revolutionär ist ein friedfertiger Mensch, der die Geduld verloren hat."[118]

Und in der kulturpolitischen Zeitschrift *Die Erde* führte Michels aus, dass, obgleich das kommunistische Ideal, nicht das leninistische, Schiffbruch erlitten habe, die „Zermalmung der ökonomischen Sklaverei [...] die dringendste Voraussetzung edel anarchisch geadelter Herrlichkeit" bleibe. Es gehe nicht darum, „rousseauide Idyllen" und „weinselig brüderliche Attitüde" im Sinne „gewisser, schaler Tolstoikunden" zu predigen, sondern bei der Verwirklichung „menschhafter Zielgebilde" bleibe nur eine Lösung:

> Um das Tierische abstreifende Menschen zu züchten, ist notwendig – für ein Jahrzehnt und mehr – die Diktatur der Proleten in höchster Potenzierung und der gesamten Bedeutung der Substantive nach. Jene wider die Faulheit und tatenlose Gefräßigkeit gezückte Tyrannis der vierten und fünften Klasse, der

Die Aktion

X. JAHR. HERAUSGEGEBEN VON FRANZ PFEMFERT NR. 51/52

VERLAG / DIE AKTION / BERLIN-WILMERSDORF

HEFT 2 MARK

ekrasanten Majorität des Volkes also, wird – neben ihrer hauptsächlich destruktiven Verpflichtung (:Zerstörung einer von infernaler Ungerechtigkeit lebenden Parasitenkaste), neben ihrem konstruktiven Aufgabenprimate (und zwar Wiederaufbau unsrer Erde nach dem Gebote der Vernunft und den Leitsätzen glühend vergeistigter Liebe) – jene Herrschaft der aktiv produzierenden Wesen wird ihre aufsässige Intensität aufwenden müssen, um schließlich eine (wenn auch fadenscheinige, notdürftige) öffentliche Moralität aus dem Block eherner Indifferenz zu meißeln. […] Und je schärfer das Instrument, je spitzer die Waffe, welche ihr uns in die harten Hände gebt, desto reiner und zahlreicher wird der Erzengel die Welt bevölkern.[119]

← **28.** | Die Aktion. Pol Michels: Proletarische Weihnachtspredigt.

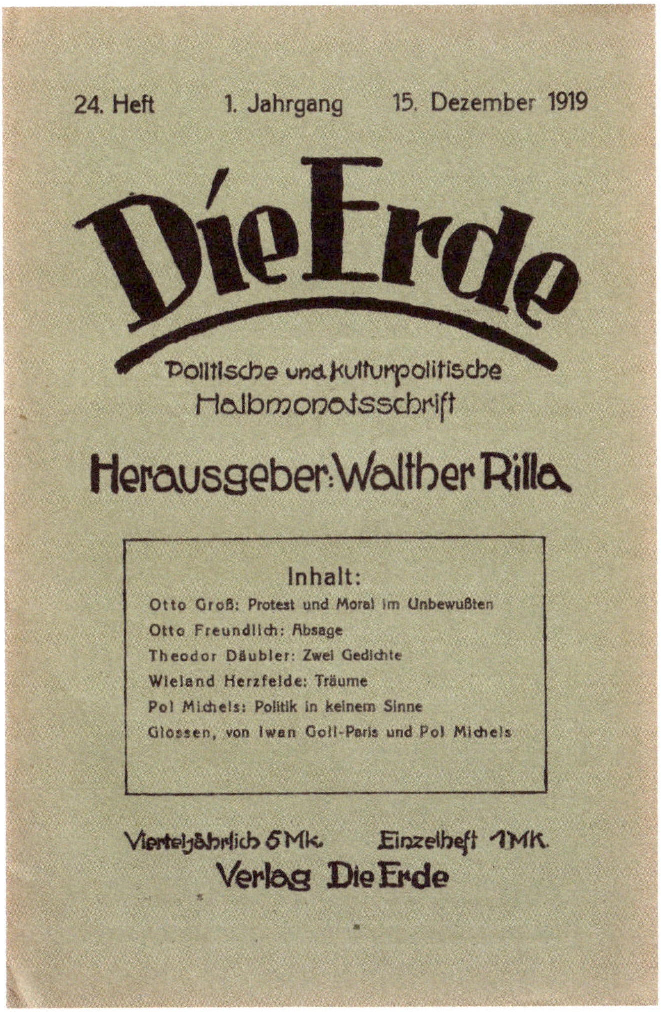
24. Heft 1. Jahrgang 15. Dezember 1919

Die Erde

Politische und kulturpolitische Halbmonatsschrift

Herausgeber: Walther Rilla

Inhalt:
Otto Groß: Protest und Moral im Unbewußten
Otto Freundlich: Absage
Theodor Däubler: Zwei Gedichte
Wieland Herzfelde: Träume
Pol Michels: Politik in keinem Sinne
Glossen, von Iwan Goll-Paris und Pol Michels

Vierteljährlich 6 Mk. Einzelheft 1 Mk.
Verlag Die Erde

29. | Die Erde. Pol Michels: Politik in keinem Sinne. Eine Auseinandersetzung mit Mehreren.

8. DIE EINSTELLUNG ZUR NOVEMBERREVOLUTION

Nach der Novemberrevolution ging Marut hart mit der Sozialdemokratie ins Gericht, die er als eine „Operetten-Vorstellung für das verluderte deutsche Bürgertum" bezeichnete:

> Das „ermutigende Morgenrot" des rücksichtslosen Unternehmertums kann niemals gleichzeitig ein ermutigendes Morgenrot des Proletariats sein. Entweder-oder. Und wenn Herr Scheidemann und Herr Noske während ihrer Reden in der National-Versammlung bei jedem fünften Satze vom Beifalls-Gebrüll aller bürgerlichen Parteien unterbrochen werden, so weiß ich, daß diese Sozialdemokratie unmöglich dieselbe Sozialdemokratie sein kann, in der August Bebel gelebt hatte, der auf dem Parteitage der Sozialdemokratie im Jahre 1903 sagte: Ich will der Todfeind der bürgerlichen Gesellschaft sein. Was ist von dieser Partei, die einmal die Hoffnung aller Unterdrückten und Gequälten, die Morgendämmerung der Menschheit schien, geworden? [...] Aber in diesem Niedergang der Sozialdemokratie erbebt schon die Welt für die Revolution, die ich erwarte und die sich im November nur leise angesagt hatte.[120]

In diesem Zusammenhang erweisen sich die Übereinstimmungen mit Michels und van Werveke besonders eng. Für Michels war die deutsche Revolution kein Protest, sondern ein „Witz":

> Ein Witz – so ulkig, daß die Zukunft auf ein Jahrtausend mit schallender Heiterkeit versorgt sein wird. Aber auch ein Witz so blutig, so schauerdramatisch, daß er eben nur am Ende des Weltmassakers und von Kriegsgreueldeutschen verübt werden konnte. Der Wanst, dem es am Füllsel fehlte, die Angst vor einem kohlenlosen Winter, die ewig deutsche Sehnsucht nach Bier, Pantoffel und Tabakspfeife waren es, die den verstocktesten Böotier der Weltgeschichte in eine revolutionäre Situation brachten. Es sind dieselben Faktoren, die ihn kaisertreu, prügelsüchtig, schwarzweißrot, revanchelustig konservieren. [...] Was uns an diesem neutralen Aufruhr des Boche-Spießers so schmerzhaft erbittert, das war nicht so sehr die schändliche Tatsache, daß er von Anfang an dem Kassenschrank blindlings unterworfen, sondern daß er so maßlos verberlinert, verjüdet, ideefeindlich und ullsteinfreundlich war.[121]

Wenn die Revolution auch am Beginn ein Aufstand der „Krämer" und ein Aufbegehren der Garnisonsoldateska gewesen sei, „die keine billigen Bordelle mehr vorfand und von der rembrandtdeutschen Vision mollig draller Bierschwere zutode gehetzt wurde [...] und längst des Buchenlaubwitzes intellektueller Heimkrieger überdrüssig war", so sei sie doch auch, wie etwa in München, die Erhebung eines Volkes gewesen, mit schwangeren

Müttern, die man mit Füßen getreten habe, mit Bräuten, deren Verlobten mit ausgebrannten Augen zurückgekehrt seien, mit Frauen, deren Männer in Flandern verwesten. Aber im Wesentlichen war für Michels die Revolution ein Schachzug, den machtlüsterne Sozialdemokraten unter der Führung Noskes gegen den damals drohenden Aufstand unternommen hätten und der mit der Zerstörung aller Ideale wie Güte, Freiheitsliebe und Gerechtigkeit geendet habe:

> Deutsche Revolution, das war hyperdeutsche Politik, in stereotyper Auftakelung, das war eine sterile Attitüde, die (wie in Frankreich der Antiklerikalismus) dem unheroischen Bürger den Vorwand abgeben sollte, als eigenherrisch, aggressiv und heldenfigürlich zu gelten und die im Grunde ein (allerdings unschwacher) Ausdruck seiner Angst vor der Störung seiner Ruhe, der Verletzung seiner Familie und seines Eigentums war. Noske, der bog die Revolution übers Knie und übrig blieb eine Revolution der deutschen Schande, der urdeutschen grotesken Lächerlichkeit.[122]

Die „Menschlichkeitsfanatiker" in West- und Mitteleuropa hätten ihre Hoffnung auf eine globale Änderung auf intensivste pazifistische Propaganda und auf die Revolutionäre „hölderlindeutscher Abstammung" gesetzt, die sich trotz Militärdiktatur auf die befreiende Tat vorbereiteten. Und als die Umwälzung im November 1918 gekommen sei, sei die Begeisterung anfangs grenzenlos gewesen, aber nach kurzen Wochen sei die tödliche Ernüchterung gekommen:

> Wir: behindert und fast lahm gelegt in unsrer aufreizenden Agitation. [...] Mit dem Segen der Ebertiner und Scheidehyänen begnadet, befehlen fäkale Kretins die revolutionären Massen zusammenzuschießen. Im Namen des Sozialismus und der Internationale, im Namen der Lehre von der Heiligkeit der Mitmenschen werden Karl Liebknecht, Eisner und Landauer ans Kreuz geschlagen, wird unsere liebe Frau Luxemburg von verworfenem Militär erschlagen.[123]

Diese Gedankengänge finden ihren – gemäßigteren – Widerhall in Gust. van Wervekes Analyse unter dem Titel *Die deutsche Revolution und die andere*. Für van Werveke hat den Brand der Novembertage die Sozialdemokratie selbst gelöscht, und ihr patriotisches Gebärden hat schon während des Krieges jeden Drang der Völker im Westen zur Revolution erstickt. So sei es nicht verwunderlich, dass sie die Novemberrevolution systematisch kompromittiere:

> Die Ebert und Scheidemannclique, die famose 1914er Durchhälterversammlung machten ihr Bestes, um zu beweisen, daß in dem neuen Deutschland nicht allzuviel geändert war. Sie schrieen natürlich möglichst laut den Franzosen zu: Nach-

> dem wir Revolution gemacht, müßt auch ihr es tun! Aber sie vergaßen was Liebknecht ihnen bereits im Dezember 1918 gesagt hatte: Deutschland hat bisher nur eine demokratische Revolution gemacht! Eine solche hat die Entente nicht nötig. Wir können von dem Ententeproletariat also nur eine soziale Revolution erwarten. Doch wie sind wir zu einer solchen Erwartung berechtigt, solange wir sie selbst noch nicht gemacht haben oder wenigstens machen wollen?[124]

Dazu kamen noch die Morde an Spartakus, der Krieg gegen den Bolschewismus, die unzulängliche Sozialpolitik einer angeblich sozialistischen Regierung. Laut van Werveke wäre die Revolution da, wenn Deutschland nicht da wäre; nur Deutschland verhindere das Ausbreiten der revolutionären Bewegung im Westen. Frankreich werde nicht handeln, bevor die deutschen Arbeiter und Soldaten mit Erfolg handelten. Somit halte Deutschland das Schicksal der Weltrevolution in Händen und solange Deutschland nicht losschlage, „zerstörend radikal, zum lichtvollen Neubau", werde keine revolutionäre Bewegung in Frankreich ihre Möglichkeiten erfüllen können. Die Reaktion in Deutschland mit Ebert und Noske, lügnerischer als das kaiserliche Deutschland, stärke die Reaktion in Frankreich und in der gesamten Entente. Van Werveke endete seinen Beitrag mit dem Hinweis, ihn unbeirrt von irgendwelchem nationalen Gefühl geschrieben zu haben: „Mein Ziel: Die Menschheit! Mein Wille: Die Revolution!"

16./17. Heft 1. Jahrgang 1. September 1919

Die Erde

Politische und kulturpolitische Halbmonatsschrift

Herausgeber: Walther Rilla

Inhalt:

Walther Rilla: Weltkommune
Pol Michels: Eine Stellungnahme zum Problem
Gust van Werveke: Die deutsche Revolution und die andere
Karl Otten: Krieg, Bürgertum und Jugend
Angela Guttmann: Die Erfüllung
Johannes R. Becher: Opferung
Rud. Hartig: Strophen aus dem Kerker
Hans Natonek: Problem der Armut
Max Herrmann/Neiße: Deutschlands Hohe Schulen
Glossen, von R. Hausmann, Oskar Maria Graf und Robert Müller

Vierteljährlich 5 Mk. Einzelheft 1 Mk.
Verlag Die Erde Breslau
Preis dieser Doppelnummer 2 Mk.

30. Die Erde. Gust. van Werveke: Die deutsche Revolution und die andere. – Pol Michels: Eine Stellungnahme zum Problem.

31. | Frantz Heldenstein: Pol Michels. 1918. Gipsbüste. Foto: Christof Weber.

FRAGE OHNE ANTWORT

Gerade weil sich die vielfältigen politischen und sozialen Übereinstimmungen zwischen den *Voix des Jeunes*-Mitarbeitern aus Luxemburg und dem Herausgeber des *Ziegelbrenner* aus München in die allgemeinen Bestrebungen einer verschworenen Gemeinschaft einschrieben, die in Deutschland und in Europa den Kampf gegen überlebte soziale, politische und gesellschaftliche Missstände führte, lässt sich die Frage anknüpfen: Verließen Ret Marut und seine damalige Lebensgefährtin Irene Mermet 1923 Deutschland auf ihrem Weg nach Übersee vielleicht über Luxemburg, und erinnerte sich Marut in diesem Zusammenhang vielleicht seiner früheren Gesinnungsgenossen, kommt doch das Großherzogtum expressis verbis im *Totenschiff* vor, wo Stanislaw dem Icherzähler die Geschichte des Kohlenschleppers Paul, gerufen Franzos oder Frenchy, schildert, der auf seiner Odyssee auch nach Luxemburg kam.[125]

32. | Luxemburgische Geldnote aus dem Besitz Ret Maruts. Vorderseite.

| Luxemburgische Geldnote aus dem Besitz Ret Maruts. Rückseite.

Verschiedene Autoren neigen zu dieser Hypothese. So schreibt Joachim Dietze apodiktisch: „1923 reiste er über Luxemburg nach England […].“[126] Auch James Goldwasser vertritt diese These: „Whether running from his pursuers, or from the desperate economic conditions of Weimar Germany, Marut fled in the summer of 1923. He may have left Cologne by way of Luxembourg or Belgium and made his way through Holland to England.“[127] Und Goldwasser führt an anderer Stelle in einer Fußnote an: „This contact [to Michels and van Werveke] may have been useful to Marut during his fugitive period. Documents preserved in the Traven archive in Cuernavaca imply that he made his way out of Germany by way of Luxembourg.“[128] Auch Rolf Recknagel verweist in seiner Biographie B. Travens auf Dokumente im Nachlass Travens in Mexiko, so auf die unter dem Datum des 11. Juli 1923 ausgestellten „Fahrkarten der Flucht […] von Trier nach Luxemburg“ und auf „Geldscheine […] aus Luxemburg“ sowie auf das im Rheinland neu verfasste Manuskript des *Totenschiffs*, worin Marut den Begriff Großherzogtum mit dem Begriff Luxemburg ergänzt, „wohin Ret Marut und Irene Mermet entflohen“.[129] Letzteren Umstand stellt Karl S. Guthke jedoch in Frage, da die drei in Trier gelösten Fahrkarten nicht das angegebene Datum trügen noch für eine Reise nach Luxemburg gelten könnten, da die aufgedruckten Stationen ausnahmslos deutsche Ortschaften im Moseltal seien.[130] Will Wyatt, unter Berufung auf Recknagel, bleibt seinerseits im Bereich der Hypothese: „Recknagel hat kürzlich im Nachlaß in Mexiko-City einen Beleg dafür gefunden, daß Marut und Irene [Mermet] noch im Juli 1923 mit dem Zug von Trier nach Luxemburg fahren wollten. Man weiß nicht, ob die Reise stattfand […]“.[131] Jan-Christoph Hauschild schließlich ist differenzierter, aber auch zurückhaltender. Er verweist zuerst darauf, dass von Herbst 1920 bis zum 22. Mai 1922 Ret Marut und Irene Mermet ihren Wohnsitz nach Köln verlegten.[132] Marut habe in dieser Zeit einen Reiseführer für einen Ausflug von Köln aus für Luxemburg, das Mosel- und Saargebiet einschließlich der sog. Luxemburgischen Schweiz im Nordosten des Großherzogtums erworben. Zu diesen Begebenheiten passen, laut Hauschild, drei in Trier gelöste Fahrkarten mit aufgedruckten Stationen deutscher Orte im Moseltal und einige 1918 gedruckte luxemburgische Geldscheine.[133] Den weiteren chronologischen Ablauf beschreibt Hauschild so: Sommer 1922: Marut verlässt Köln[134] – 1923: erneuter Aufenthalt in Köln[135] – danach möglicher Weg: Belgien - Holland - Kanada - England (Ankunft am 19. August 1923).[136]

33. Franz Wilhelm Seiwert: Ret Marut. Tusche. Um 1919.

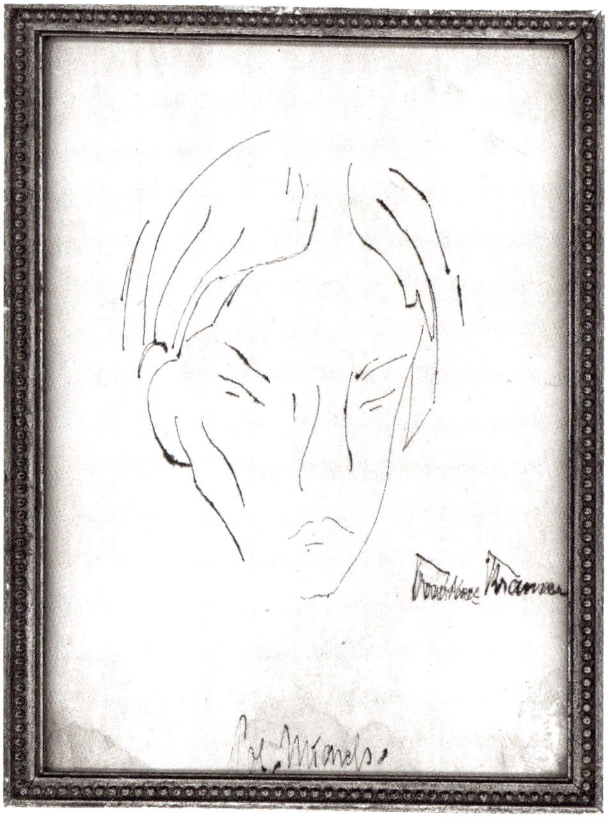

34. Dorothea Kramer: Pol Michels. Tusche. 1920.

Was kann von all diesen Angaben für die Beantwortung der eingangs gestellten Frage zurückbehalten werden? Tatsächlich existieren in Maruts Nachlass in Mexiko verschiedene Indizien für einen Fluchtweg Maruts über Luxemburg wie die angesprochenen Fahrkarten, Geldscheine und Reiseführer.[137] Beweiskraft haben sie indes nicht. Das Gleiche gilt für ein Netzwerk, das ohne Zweifel bestand, aber auch nur als Hypothese in Betracht kommen kann[138] und auf das auch James Goldwasser verweist: "Two fellow radicals with whom Marut engaged in a meaningful exchange were Gust van Werveke and Pol Michels, leaders of a student union in Luxembourg and both connected to the Aktion circle. Although Marut pointedly reiterates his published ban on visitors to his office, the correspondence also implies that he met with these two in neutral locations to discuss what action they might be able to take together. Apparently he came into contact with them through the expressionist poet Karl Otten, a close associate of Franz Pfemfert, Die Aktion's editor. It was probably through this circle that Marut would later encounter the artist Franz Wilhelm Seiwert, one of his closest allies during his fugitive period."[139]

35. | August Sander: Franz Wilhelm Seiwert. Photographie. O. O. 1924.

Tatsächlich könnte als ein weiterer Beleg für einen Rückgriff Maruts auf seine luxemburgischen Beziehungen die gemeinsame Bekanntschaft von Michels und Marut mit dem Künstler Franz Wilhelm Seiwert[140] gelten, der in der deutschen Kunstgeschichte vom Anfang des 20. Jahrhunderts eine exponierte Stellung einnahm. Michels' Interesse für die moderne Kunst hatte ihn in enge Verbindung mit Seiwert gebracht. Beide veröffentlichten in der Berliner *Aktion* und im Kölner *Strom*, zu dessen Beiträgern auch van Werveke zählte. Der expressionistische Maler und Graphiker Seiwert, „proletarisch in seinen Sympathien und revolutionär in seiner politischen Gesinnung",[141] lebte 1919/20 im Eifeldorf Simonskall – wo Marut und Mermet im Februar 1920 zu Besuch weilten[142] – in enger Gemeinschaft und Freundschaft mit seinen Künstlerkollegen Heinrich Hoehrle, Otto Freundlich und Stanislaw Kubicki. Seiwert, der wie Michels und van Werveke in direktem Kontakt mit Ret Marut stand,[143] war der eigentliche Denker der progressiven rheinischen Künstlerschaft, Autor vieler engagierter Schriften und geschätzter Gesprächspartner in Bezug auf Politik, soziale Gerechtigkeit und Kunst. In diesem Kontext ist für Seiwerts Position in der zeitgenössischen Diskussion über sozialpolitische und gesellschaftliche Strukturen innerhalb der Kunst ein langer Brief aufschlussreich, den er im Herbst 1919[144] an Pol Michels richtete und der mit den programmatischen Worten endete:

36. | Franz Wilhelm Seiwert: Sieben Antlitze der Zeit. Zeichnung.

37. | Franz Wilhelm Seiwert: Sieben Antlitze der Zeit. Zeichnung.

> Wir gebrauchen das Bild um die Tatsache aussen, im Bild Tatsache werden zu lassen: Profitmaschinen, Arbeitssklaven, Ausbeuter, Ausgebeutete. Unsere Bilder stehen im Dienste der Ausgebeuteten, zu denen wir gehören und mit denen wir uns solidarisch fühlen, deshalb lehnen wir die zur Ergötzung des Bürgers vollführte, angeblich anti-bürgerliche, dadaistische Harlekinade ab, weil wir nicht den Bankrott des Bürgertums, sondern den Schaffenswillen der Masse sichtbar zu machen haben.[145]

Das letzte *Ziegelbrenner*-Heft 35-40 erschien nun unter dem fingierten Druckort Wien am 21. Dezember 1921 mit sieben ganzseitigen Illustrationen von Seiwert, die in geometrisch stilisierten Figurenbildern unter dem Titel *Sieben Antlitze der Zeit* satirische Kleriker-, Militär- und Kapitalisten-Typen darstellten, gerichtet gegen die autoritäre, sich demokratisch gebärdende Weimarer Republik, getreu Seiwerts Auffassung, die konstruktive Form zur Darstellung eines klassenkämpferisch-propagandistischen Inhalts zu benutzen. Die Frage, ob die ideologischen Übereinstimmungen in der Beziehung Marut – Seiwert – Michels – van Werveke im Nachhinein dazu führten, einen Fluchtweg über Luxemburg in Erwägung zu ziehen, muss in den Bereich der Spekulation verwiesen werden. Denn leider blieben bis heute alle diesbezüglichen Nachforschungen in öffentlichen und privaten Archiven ohne Ergebnis.

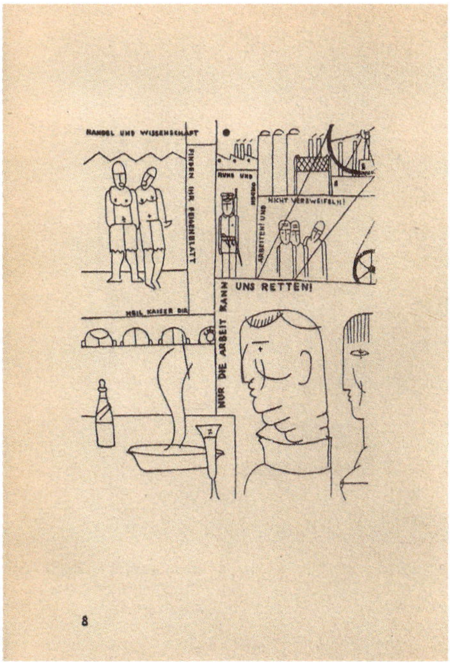

38. Franz Wilhelm Seiwert: Sieben Antlitze der Zeit. Zeichnung.

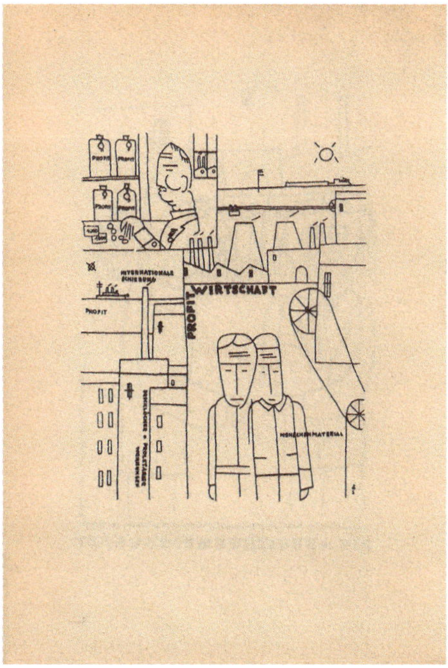

39. Franz Wilhelm Seiwert: Sieben Antlitze der Zeit. Zeichnung.

Allerdings erwachte ab den 1930er Jahren auch in Luxemburg das Interesse an dem berühmten und mysteriösen Autor B. Traven. Der nach Luxemburg exilierte Schriftsteller und spätere Chef-Redakteur des Ost-Berliner *Ulenspiegel*, Karl Schnog, wies 1936 im *Escher Tageblatt* unter der Überschrift *B. Traven, der Dichter im Urwald, gegen den Urwald* auf die „absolute Anonymität der Person [hin], die hinter dem Geschaffenen ganz und gar zurücktritt" und die „allen Persönlichkeitskult in vollem Ernst und aus Prinzip" verschmäht. Aus der eigenen Erfahrung heraus verstand Schnog die wahre Bedeutung des *Totenschiffs:*

> Gibt es eine grausigere Aktualität als diesen Matrosen? Tausende haben die faschistischen Staaten im letzten Dezennium zum Umhertreiben auf ‚Totenschiffen' verurteilt. [...] Dieser europamüde Mann Traven, der den verfaulenden Kontinent floh, noch ehe er vom Aussatz des Faschismus ganz befallen war, der im Urwald nach Menschlichkeit grub, hat immer einfache Menschen geschildert und einfache Wahrheiten ausgesprochen. [...] Zu uns aber ist der Urwald gekommen. [...] Von Traven existiert kein Bild, aber ich glaube, er hat ein Gesicht.[146]

Von besonderem Interesse aber dürfte ein Beitrag im *Escher Tageblatt* aus dem Jahr 1950 sein, dessen Autor niemand anders als Pol Michels war, der unter dem Titel *Wer ist B. Traven?* eine differenzierte literarische, politische und soziale Würdigung des Schriftstellers lieferte und auf die selbst gestellte Frage folgende Antwort gab: „Er muss ein deutscher Revolutionär der Jahre 1919 und 1920 sein, dem das Versagen des Aufruhrs und der Hoffnungen von 1918 gewaltig ins Blut gegangen ist. Auch Europa dürfte ihm zum Kotzen gewesen sein."[147] So lieferte der *Tageblatt*-Beitrag u.a. eine weitere Bestätigung der schon in Literatenkreisen der Weimarer Republik verschiedentlich geäußerten Vermutung – u. a. von Erich Mühsam – dass B. Traven mit dem nicht minder geheimnisvollen Herausgeber der individual-anarchistischen Zeitschrift *Der Ziegelbrenner* und Funktionär der Münchner Räterepublik Ret Marut identisch sei, dessen Spur sich 1919 mit seiner Flucht aus Bayern verlor.

Aber als 1971, auf Nachfrage Armin Richters hin, Gust. van Werveke sich an seine Verbindung zu Ret Marut erinnerte, ging er mit keinem Wort auf dessen „Nachfolger" B. Traven ein:

> Die ersten Hefte seines "Ziegelbrenner" wurden in Luxemburg an die Mitglieder und Gesinnungsgenossen des "Cénacle" unentgeltlich verteilt. Eine weitergehende Werbung wurde dadurch verhindert, daß die deutsche Militärzensur in Trier die Auslieferung des "Ziegelbrenner" wie auch der "Aktion" nach Luxemburg unterband. Wegen der damaligen Verhältnisse mußten vorsichtshalber persönliche Verbindungen mit Ret Marut unterbleiben. Die mit ihm geführte Korrespondenz wurde mit meinen sämtlichen politischen Akten bei meiner Verhaftung und Deportierung durch die Gestapo Anfang Mai 1940 beschlagnahmt.[148] Zur Zeit der Münchener Räterepublik hatte ich mit Ret Marut keinerlei Kontakt mehr.[149]

40. | Gust. van Werveke: Briefumschlag an Ret Marut. Luxemburg. 15. September 1917.

41. | Gust. van Werveke: Briefumschlag an Ret Marut. Luxemburg. 25. März 1918.

DIE LUXEMBURG-CONNECTION

ANMERKUNGEN

1 Goethe: Faust (V. 3457).

2 Zur komplexen Frage der Identität des Autors vgl. u. a. Johannes Beck, Klaus Bergmann, Heiner Boehncke (Hg.): Das B. Traven-Buch. Reinbek bei Hamburg: Rowohlt 1976; Rolf Recknagel: Beiträge zur Biographie des B. Traven. Berlin: Klaus Guhl 1977; Judy Stone: The Mystery of B. Traven. Los Altos California: William Kaufmann Inc. 1977; Gerd Heidemann: Postlagernd Tampico. Die abenteuerliche Suche nach B. Traven. München: Blanvalet 1977; Frederik Hetmann: Der Mann, der sich verbarg. Nachforschungen über B. Traven. Stuttgart: Klett 1983; Ernst Schürer, Philip Jenkins: B. Traven, Life and Work. University Park, London: The Pennsylvania State University Press 1986; Karl S. Guthke: B. Traven. Biographie eines Rätsels. Frankfurt am Main, Olten, Wien: Büchergilde Gutenberg 1987; Heinz Ludwig Arnold (Hg.): B. Traven. München: TEXT + KRITIK 1989 (= Heft 102); Bernd Kramer, Christoph Ludszuweit (Hg.): Der Feuerstuhl und die Fährtensucher. Rolf Recknagel, Erich Wollenberg, Anna Seghers auf den Spuren B. Travens. Berlin: Karin Kramer Verlag 2002.

3 Der Ziegelbrenner, Untertitel: Kritik an Zuständen und widerwärtigen Zeitgenossen, Herausgeber: Ret Marut (d.i. B. Traven), Verlag: Der Ziegelbrenner, München, Erscheinungszeitraum: Jg.1 (1.Sept. 1917) - Jg.5 (April 1921); (21.Dez. 1921), H.1-35/40 (insg. 13 Ausg., fortl. Zähl.), Erscheinungsweise: unregelmäßig, Ret Marut (d.i. B. Traven) war Hrsg. und Autor der meisten Beiträge, Repression: 1919 verboten, bis 1921 illegal erschienen. Reprint: Der Ziegelbrenner. Schriftleitung: Ret Marut. 1917-1921. Faksimiledruck. Herausgegeben von Max Schmid. Nachwort von Rolf Recknagel. Berlin: Klaus Guhl, 1976. Zur ausführlichen Darstellung der Zeitschrift vgl. Armin Richter: Der Ziegelbrenner. Das individualanarchistische Kampforgan des frühen B. Traven. Bonn: Bouvier Verlag Herbert Grundmann 1977. Die Zeitschrift ist äußerst selten: „Eine bibliophile Kostbarkeit, unersetzlich, wahrscheinlich in ganz Europa nur noch in wenigen, an einer Hand aufzuzählenden Exemplaren vorhanden." (Wochenzeitung Du, 18.05.1948).

4 In einem Beitrag über die Beerdigung des Dichters und *Simplicissimus*-Begründers Frank Wedekind schreibt Marut: Leute, die sich seine Freunde nennen, „heulen mit den schlechten Angewohnheiten verschmierter Komödianten 'Trauer-Reden' herunter [...]. Nunmehr ist Gewähr geboten, daß kein Mensch einmal erfahren wird, wenn ich meinen letzten Atemzug verrichte. [...] Und dankbar will ich den Göttern sein, wenn sie mit meinem Leichnam hungernde Aasvögel und verstoßene Hunde einmal satt füttern, so daß auch nicht ein bleiches Knöchelchen übrig bleibe, das einem Journalisten Gelegenheit geben könnte, über meinen sterblichen Ueberreste seine Bedürfnisse zu verrichten, wie das im Waldfriedhof zu München geschah, kurz vor Frühlings Erwachen im Jahre 1918." (Ziegelbrenner, 4, S. 94-95).

5 Zit. nach Jacques Rivière: Reconnaissance à Dada. In: Nouvelle Revue Française, 01.08.1920, S. 216-237.

6 Vgl. in diesem Zusammenhang Heft VII/1, Frühjahr 2013 der *Zeitschrift für Ideengeschichte*, das sich integral dem Thema „Namen" widmet.

7 Will Wyatt: B. Traven. Nachforschungen über einen „Unsichtbaren". Übersetzt aus dem Englischen von Peter Hubschmid. Hamburg: Papyrus Verlag 1982.

8 Jan-Christoph Hauschild: B. Traven – Die unbekannten Jahre. Zürich, Wien, New York: Edition Voldemeer, Springer 2012.

9 Pol Michels, Pseud. Junius, Pier Vanaicken oder Vanäicken oder Vanaichen (1897-1956): Abitur 1916 am Athenäum in Luxemburg; 1916-1919 Studium der Philologie und Philosophie in Berlin und München; 1919-1922 Studium der Rechtswissenschaften in Nancy, Paris und Straßburg; Rechtsanwalt ab 22.12.1922; Friedensrichter in Esch bis 1934, Kursusbeauftragter für Recht am Escher Lyzeum ab 1929; Friedensrichter in Luxemburg ab 1934, danach Richter am Tribunal in Luxemburg; wegen „Deutschfreundlichkeit" des Amtes enthoben im Januar 1945 nach Ende der deutschen Besatzungszeit, 1949 begnadigt; Werke: *Geschichten,* 1928; *Panorama. Gedichte und neue Gedichte mit dem Anhang: Für Ma,* 1933; *Neue Geschichten,* 1938; *Letzeburger Leidd a Sachen,* 1940; *Heimatgeschichten,* 1941; *Schwepps, Schliri, Kasch und Konsorten. Luxemburger Geschichtenbuch,* 1956. Vgl. auch Gast Mannes: Pol Michels. In: Germaine Goetzinger, Claude D. Conter u.a.: Luxemburger Autorenlexikon. Mersch: Centre national de littérature 2007, S. 418-419. / www.autorenlexikon.lu

10 Gust. van Werveke, (1896-1976): 1916 Abitur am Athenäum in Luxemburg; Studien der Rechtswissenschaften und der Philologie in München von 1917 bis 1919, von 1919 bis 1921 Jurastudium in Toulouse und Straßburg; ab Dezember 1920 auch zeitweilig Sekretär der Fédération des Industriels luxembourgeois; 1921 Immatrikulation am Institut Polytechnique in Brüssel zum Erlangen eines diplôme d'ingénieur commercial und eines brevet d'aptitude aux fonctions coloniales; 1922 Rechtsanwalt; in den 20er bis 40er Jahren hauptberuflich Journalist, von 1924 bis 1928 politischer Leiter und bis in die 30er Jahre Chefredakteur des *Escher Tageblatt;* ab 1945 juristischer Berater und Vertreter auf internationaler Ebene des Luxemburger Arbeitsministeriums. Vgl. auch Luxemburger Autorenlexikon, S. 625.

11 Vgl. einschränkend das Kapitel *Frage ohne Antwort.*

12 Karl Liebknecht protestierte in einer Note, die er am 2. Dezember 1914 dem Reichstagspräsidenten zur Aufnahme in das stenographische Protokoll überreichte, „gegen den Bruch der belgischen und luxemburgischen Neutralität". Die Aufnahme wurde abgelehnt. Vgl. Walther Rilla: Am Rande der Zeit. In: Die Erde 1 (1919) 2, S. 56.

13 Vgl. Batty Weber: Aus dem Wartezimmer des Kriegs. Neutrale Kalenderblätter. Luxemburg: V. Bück [ca. 1916], S. 5.

14 Weber, S. 6.

15 Zur Situation der luxemburgischen Studenten während des Ersten Weltkriegs vgl. Jemmy Ulveling: La situation des étudiants luxembourgeois pendant la guerre. In: AGEL: Annuaire 1914/15, S. 53-55.

16 Gust. van Werveke: Jahrgang 1896. Aus dem Roman Paul Robert. In: Junge Welt. Almanach auf das Jahr 1931. Luxemburg: Junge Welt Verlag 1930, S. 35.

17 Zur Darstellung dieser intellektuellen und politischen Entwicklung vgl. Gast Mannes: Luxemburgische Avantgarde. Zum europäischen Kulturtransfer im Spannungsfeld von Literatur, Politik und Kunst zwischen 1916 und 1922. Esch/Alzette, Mersch: Editions Phi, Centre national de littérature 2007.

18 Pol Michels: Vom Geist der neuen Jugend. In: Zentralvorstand der Luxemburger Volksbildungsvereine (Hg.): Luxemburger Volksbildungskalender 1920: Luxemburg: Gustave Soupert [1919], S. 61-63, hier S. 61.

19 Zum Cercle Littéraire et Scientifique vgl. AGEL: Annuaire 1917, S. 87-87 und AGEL: Annuaire 1919-1920, S. 140-141; vgl. auch Henri Wehenkel: Histoire de l'ASSOSS. Les années révolutionnaires 1917-1921. In: La Voix, Nr. 138, Juni 1963, S. 7. Zu den Mitgliedern gehörten laut Wehenkel u.a. Paul Weber und Alice Welter.

20 Pol Michels z. B. hielt dort einen Vortrag mit dem Titel *Die Rede vom Expressionismus*; vgl. AGEL: Annuaire 1919-1920, S. 140.

21 Es war Paul Luja, Doktor der Rechte, früherer Präsident der AGEL, der die *Voix des Jeunes* ins Leben rief „pour clamer en pleine guerre son amour de la beauté latine, pour défendre, pendant les années de folie, l'idéal français et humain." Vgl. AGEL: Annuaire 1922, S. 192. Zur Darstellung der Zeitschrift vgl. vor allem Henri Wehenkel: Histoire de l'ASSOSS (II). Les années révolutionnaires 1917-1921. In: La Voix No 137, avril 1963, S. 8-10; No 138, juin 1963, S. 7-10.

22 Paul Weber, Pseud. S. Lashon, S. Lasson (1898-1976): Abitur 1919; Studium der Rechts-, Wirtschafts- und Handelswissenschaften an den Universitäten Prag, Montpellier, Bordeaux, Paris, München, Straßburg; Rechtsanwalt ab 1924; Chefredakteur der Indépendance Luxembourgeoise 1925-1927; ab 1928 Rechtsberater, dann Generalsekretär und Direktor der Luxemburger Handelskammer; Generalkonsul Japans ab 1956; Professor an der Université de Bruxelles bis 1967; Staatsrat ab 1961; von 1930 bis 1967 Lehrauftrag für luxemburgisches Recht an der Université Libre de Bruxelles; unter der Naziherrschaft von 1943 bis 1945 im Konzentrationslager Dachau; Vize-Präsident der Deutsch-Belgisch-Luxemburgischen Handelskammer, Mitglied des Wirtschafts- und Sozialausschusses der Europäischen Gemeinschaft, Präsident der luxemburgischen Börse, Delegierter des Wirtschafts- und Sozialrats der Vereinten Nationen und Vorstandsmitglied zahlreicher Aktiengesellschaften; Historiker; Werke: Geschichte des Luxemburger Landes, 1939; Luxemburg im zweiten Weltkrieg, 1946; Histoire du Grand-Duché de Luxembourg, 1949; Histoire de l'Economie luxembourgeoise, 1950. Vgl. auch Luxemburger Autorenlexikon, S. 646-647.

23 Alice Welter (1899-1918): Tochter von Dr. Michel Welter, dem Begründer der Sozialistischen Partei Luxemburgs; studierte Medizin in München und nahm im Umkreis Kurt Eisners an der Münchner Novemberrevolution teil; starb in München am 17. November 1918 an den Folgen der Spanischen Grippe. Vgl. Jules Mersch: Biographie nationale. XIVe fascicule. Luxembourg: Victor Buck 1966, S. 384-387.

24 Justin Zender (1896-1970): Abitur 1918 am Athenäum in Luxemburg; Studium der Naturwissenschaften in Genf; Ingenieur-Chemiker in Lawrenceburg (Indiana/USA). Justin Zender hielt am 8. November 1917, einen Tag nach dem Sturm auf den Winterpalast, im Rahmen des Cercle Littéraire et Scientifique (CES) der ASSOSS einen Vortrag über die Russische Revolution. (Vgl. Henri Wehenkel: Die Russische Revolution aus Luxemburger Sicht, Luxemburg 1978, S. 26-27).

25 Referenz für die Korrespondenz zwischen Ret Marut, Pol Michels und Gust. van Werveke: Ret Marut and Der Ziegelbrenner Collection. University of California, Riverside Libraries, Special Collections & Archives, University of California, Riverside.

26 Karl Otten (1889-1963): Studium der Soziologie und der Kunstgeschichte in München, Bonn und Straßburg; als Pazifist im Ersten Weltkrieg in Schutzhaft; langjähriger und enger Mitarbeiter Franz Pfemferts; 1924-1933 Redakteur und freier Schriftsteller in Berlin; 1933 Flucht über Spanien nach England; 1944 Erblindung; ab 1958 Aufenthalt in der Schweiz; Herausgeber der bedeutenden Anthologien *Ahnung und Aufbruch. Expressionistische Prosa* (1957); *Schrei und Bekenntnis. Expressionistisches Theater* (1959); *Das leere Haus. Prosa jüdischer Dichter* (1959); *Schofar. Lieder und Legenden jüdischer Dichter* (1962); *Expressionismus – grotesk* (1962) und *Ego und Eros. Meistererzählungen des Expressionismus* (1963).

27 Franz Pfemfert (1879-1954): Autodidakt; um die Jahrhundertwende Kontakt zu anarchistischen Kreisen; 1911-1932 Herausgeber und Verleger der expressionistischen Zeitschrift *Die Aktion;* 1917 Gründung der Aktions-, Buch- und Kunsthandlung; im Krieg illegale Gründung der „Antinationalen Sozialistenpartei Deutschlands"; 1918/19 Zusammenarbeit mit dem Spartakusbund; in den 20er Jahren Gegner der KPD und Anhänger Trotzkis; Eröffnung eines Fotoateliers; 1933 Flucht aus Berlin und Tätigkeit als Fotograf in Karlsbad; 1936 Flucht nach Paris, 1940 nach Perpignan, dann über Lissabon nach New York, 1941 nach Mexiko-City; Lebensunterhalt als Fotograf; stirbt 1954 in Mexiko.

28 Vgl. auch Richter, S. 28 u. Anm. 105, S. 174, sowie D 61, S. 406.

29 Zitat aus Ziegelbrenner, 1, S. 5.

30 Ziegelbrenner, 2, S. 47.

31 Vgl. auch Hauschild, S. 347.

32 Vgl. auch Hauschild, S. 361-362.

33 Franz Pfemfert [Hrsgb.]: Das Aktionsbuch. Berlin-Wilmersdorf 1917. Verlag der Wochenschrift Die Aktion. Für den November 1916 als Almanach angekündigt, erschien das *Aktionsbuch* im Frühjahr 1917 als eine um viele Originalbeiträge erweiterte Anthologie der Mitarbeiter und Vorbilder der *Aktion*. Die in der ersten Auflage mit 10.000 Exemplaren gedruckte Auswahl war zum Zeitpunkt der Versendung im Mai 1917 angeblich durch Vorbestellung fast vergriffen. Max Herrmann-Neisse sah im *Aktionsbuch* eine Publikation „über diese Tage hinaus und gegen sie", ein Dokument der konsequenten Geradlinigkeit Pfemferts und eine Demonstration, die das revoltierende Streben der Mitarbeiter „zum imposanten Chorus gen Morgen" zusammenfasse. Das *Aktionsbuch* wurde erwartungsgemäß mit Ausfuhrverbot durch die Behörden belegt. Vgl. Ursula Walburga Baumeister: Die Aktion 1911-1932. Publizistische Opposition und literarischer Aktivismus der Zeitschrift im restriktiven Kontext. Erlangen, Jena: Palm & Enke 1996, S. 243-246. Das *Aktionsbuch* war im Übrigen auch das Erkennungszeichen zwischen Michels, van Werveke und Karl Otten. Vgl. auch den Hinweis auf das *Aktionsbuch* in Ziegelbrenner, 2, S. 36 unter der Überschrift „Bücher, die heute gelesen werden sollten": „Wer sich aus diesem Chaos zu sich selbst retten will, der lese: Das Aktionsbuch. Das Durchhalten fällt einem leichter, wenn man es besitzt."

34 Vgl. Über das Kind und Religiöse in Françis Jammes. In: Die Aktion 6 (1916) 1/2 [05.08.1916] Sp. 448; Literarische Neuerscheinungen: Paul Palgen. La Route Royale. Poèmes. (Verlag Victor Bück, Luxembourg). In: Die Aktion 7 (1917) 20/21 [19.05.1917] Sp. 279; Literarische Neuerscheinungen: Brief aus neutralem Lande. In: Die Aktion 7 (1917) 35/36 [08.09.1917] Sp. 491. Michels wird bis Juni 1921 insgesamt 11 Texte in der *Aktion* veröffentlichen.

35 Michels, der in seiner Bibliothek viele Kraus-Titel besaß, schätzte den Wiener Satiriker, Kulturkritiker, Sprachpuristen und scharfen Kritiker der Presse und des Hetzjournalismus, mit dessen Beurteilung der „Journaille" er übereinstimmte.

36 Henri Barbusse (1873-1935): Studium der französischen Literatur; Pressereferent im französischen Innenministerium; 1902-1904 Angestellter in einem Verlag und Tätigkeit als Journalist; u. a. für die Zeitungen Le Banquet und Le Petit Parisien; 1914-1916 Soldat, danach kriegskritische Haltung und pazifistisches Engagement; 1916 Publikation des Kriegstagebuchs *Le Feu* bei Gallimard und Auszeichnung mit dem Prix Goncourt (1917); 1917 Gründung mit Paul Vaillant-Courier des sozialistischen Kriegsveteranenbunds ARAC (Association Républicaine des Anciens Combattants) und Herausgabe der sozialistischen Zeitschrift *Le Monde;* 1919 Gründung mit Romain Rolland der Clarté-Bewegung, einer Friedensbewegung demokratischer Intellektueller; 1923 Eintritt in die Kommunistische Partei Frankreichs; zahlreiche Reisen in die Sowjetunion, stirbt in Moskau. Der Roman *Le Feu,* Untertitel: *Journal d'une escouade,* erzählt in realistischer und drastischer Weise vom Leiden und Sterben einer Einheit von französischen Soldaten in den Schützengräben der Westfront. Eine deutsche Übersetzung durch Leo von Meyenburg erschien 1918 im Max Rascher Verlag in Zürich. Das Werk wurde bis heute in über 60 Sprachen übertragen.

37 Ziegelbrenner, 9/14, S. 7. Rolf Recknagel irrt, wenn er behauptet, Ret Marut habe mit Karl Kraus bereits im April 1916 von München aus mit Kraus Verbindung aufgenommen (vgl. Reprint Ziegelbrenner, Nachwort, S. IV). Der von Karl Kraus erwähnte, in München lebende Amerikaner, von dem er eine Zuschrift erhalten habe, war bestimmt nicht Marut, der sich dessen bestimmt erinnert hätte (vgl. Die Fackel, Nr. 418-422, S. 75-76.

38 Ziegelbrenner, 9/14, S. 91.

39 Pol Michels: Vom Geist der neuen Jugend. In: Zentralvorstand der Luxemburger Volksbildungsvereine (Hg.): Luxemburger Volksbildungskalender 1920: Luxemburg: Gustave Soupert [1919], S. 61-63, hier S. 62. Vgl. auch Lukas [Nicolas Konert]: Henri Barbusse über die politische Sendung der Geistigen. In: La Voix des Jeunes 3 (1919) 6, [Juni 1919], S. 55-56. Zu Barbusse und Luxemburg vgl. auch Barrès, Barbusse et Ch. B.ck.r [Becker]. In: La Voix des Jeunes, 3 (1919) 2 [Februar 1919], S. 19-20.

40 Gemeint ist das vielgelesene pazifistische Werk *Menschen im Kriege* von Andreas Latzko, 1917 bei Rascher in Zürich erschienen, das die Situation des Krieges an der Isonzofront thematisierte. Das Buch wurde ein großer Erfolg, in 19 Sprachen übersetzt und in allen kriegführenden Staaten verboten. Der Autor wurde vom K.u.K. Armee-Oberkommando degradiert.

41 Gust van Werveke: Das Aktionsbuch. In: La Voix des Jeunes, 2 (1918) 3, S. 32.

42 Ziegelbrenner, 3, S. 59.

43 Ziegelbrenner, 5/6/7/8 und Ziegelbrenner, 9/14, jeweils Umschlagseite 3. Marut empfiehlt auch in Briefen an Gesinnungsgenossen den Roman, so z. B. am 21. August 1918 an Gustav Henning; vgl. James Goldwasser: B. Traven. Archive of Ret Marut & Der Ziegelbrenner 1901-1923. Catalogue, vervielf. Typoskript, S. 46.

44 Diese Novembernummer war eben erschienen und enthielt von Michels den Artikel *Le Futurisme, Suite II* (S. 9-10) und von Karl Otten unter dem Pseudonym Till Schmitz den Beitrag Brief eines Armen an einen Reichen (S. 2-3).

45 Vgl. auch Hauschild, S. 365-366.

46 Literarisches. In: Escher Tageblatt 23./24.03.1918; vgl. die Abschrift des Artikels in: 11. Brief von Gust. van Werveke an Ret Marut vom 25. März 1918.

47 Kurt Eisner (1867-1919): 1890 Abbruch des Studiums an der Universität Berlin; diverse journalistische und publizistische Tätigkeiten; 1898 Eintritt in die SPD

und Mitglied der Redaktion des Vorwärts; ab 1914 Agitation gegen die deutsche Kriegspolitik; 1917 Teilnahme am Gründungsparteitag der USPD; 1917/18 Organisation von Massenstreiks; nach Bildung eines Arbeiter-, Soldaten- und Bauernrats und Ausrufung des Freistaats Bayern dessen erster Ministerpräsident; 1919 Ermordung durch den deutschen Armeeoffizier Graf von Arco-Valley.

48 Gust. van Werveke: Die Münchener Revolution. Selbsterlebtes und Dokumentarisches. In: Escher Tageblatt, 19.11. 1918; 23.11. 1918; 26.11.1918; 30.11.1918; 07.12.1918; hier 26.11.1918.

49 Gust. van Werveke: Die Münchener November-Revolution. In: AGEL: Annuaire 1919-1920. Luxemburg: Imprimerie de la Cour Victor Bück [1919], S. 113-132, hier S. 123.

50 Ziegelbrenner, 9-14, S. 5.

51 Ziegelbrenner 9-14, S. 6.

52 Ziegelbrenner 9-14, S. 15-16.

53 Ziegelbrenner, 9-14, S. 21.

54 Ziegelbrenner, 15, S. 11.

55 Ziegelbrenner 16/17, S. 21-22; vgl. auch Hauschild, S. 367-368.

56 Die einzige belletristische Arbeit Ret Maruts im Ziegelbrenner bildet die Legende *Khundar* (Ziegelbrenner, 26/34, S. 1-72.

57 P. M. [Pol Michels]: Eröffnung. In: Ziegelbrenner, 16/17, S. 21; gleicher Text: Pier Vanäicken [Pol Michels]: Gedichte für Jean-Marie: Eröffnung. In: La Voix des Jeunes 3 (1919) 1 [Januar 1919], S. 3.

58 Zu solchen Leserbriefen vgl. die Bemerkung Guthkes: „Marut stürzt sich, indem er sie abdruckt und kommentiert, auf sie, als seien sie Rettungsringe im Meer der Vernachlässigung." (Guthke, S. 198).

59 Wohl Karl Otten; vgl. auch den Brief Gust. van Wervekes an Armin Richter (Richter, S. 406).

60 Getreu seiner Maxime verschweigt Ret Marut seinen eigenen Namen.

61 Gemeint ist *Die Rede des Ziegelbrenner* unter der Überschrift *Die Welt-Revolution beginnt* (Ziegelbrenner, 15, 1-13.

62 Ziegelbrenner, 16/17, S. 21-22.

63 Nicolas Konert, Pseud. Lukas (1891-1980): Abitur 1910 am Athenäum in Luxemburg; Studium der Rechtswissenschaften in Paris und Genf sowie der Volkswirtschaft in München; anschließend Journalist; ab den späten Zwanzigerjahren Aufenthalt in Paris als Korrespondent luxemburgischer und deutscher Zeitungen; Werke: *Gens heureux*, Paris 1933 (französische Übersetzung von Hermann Kestens Roman *Glückliche Menschen*); *Folle jeunesse*, 1938. Zu Nicolas Konerts politischer Tätigkeit vgl. Gast Mannes: „... auch für unsere liliputanische staatliche Gemeinschaft das Selbstbestimmungsrecht der Nationen ...". Die Darstellung der luxemburgischen Politik und Gesellschaft in Nicolas Konerts Briefen an Karl Kautsky (1917-1919). In: Arts et Lettres. Publication de la Section des arts et lettres de l'Institut Grand-Ducal. Luxembourg, 2011, n° 2, S. 23-50.

64 Die Schmiede, 12.04.1919, S. 3. Der wortwörtlich übernommene Text findet sich in Ziegelbrenner, 15, S. 8.

65 Ziegelbrenner, 20/21/22, S. [49].

66 Michels' Exemplar ist teilweise mit handschriftlichem Besitzvermerk und Unterstreichungen versehen. In Michels' Besitz befand sich auch ein Exemplar von Maruts gleichfalls rarer Publikation *Der BLaugetupfte SPerlinG. Grotesken. Skizzen. Erzählungen.* München: Der Ziegelbrenner Verlag 1919, einer Sammlung früher Kurzgeschichten, die Marut bis dahin nicht veröffentlichen konnte. Das Exemplar trägt den handschriftlichen Vermerk „Pol Michels L'bourg, Avril 1919" und enthält Grotesken über den Ordens- und Titelkult, Glossen gegen den bourgeoisen Kunstbetrieb in Literatur, Malerei und Theater, des Weiteren sozialkritische Skizzen gegen die kapitalistische Ausbeutung sowie Satiren über das Heldentum im Krieg.

67 Vgl. Guthke, Abbildung S. 202.

68 Vgl. Pol Michels: Choix de textes. 1917-1922. Textes présentés, annotés et commentés par Gast Mannes. Mersch: Éd. du Centre national de littérature 2004.

69 Oskar Maria Graf: Gelächter von außen. Aus meinem Leben 1918-1933. Mit einem Nachwort von Peter Kritzer. München: Süddeutscher Verlag 1980, S. 103-104.

70 Ziegelbrenner, 3, 2. Umschlagseite.

71 Ziegelbrenner, 4, 2. Umschlagseite.

72 Vgl. Recknagel, S. 116.

73 Hauschild, S. 360.

74 James Goldwasser: B. Traven. Archive of Ret Marut & Der Ziegelbrenner 1901-1923. Catalogue. [o.O., o.D.], vervielf. Typoskript, S. 62.

75 Hilde Kramer, die als Mandatsträgerin und Sekretärin unmittelbar in der Münchener Räteregierung Eugen Levinés mitarbeitete, später als Sekretärin Karl Radeks in Moskau fungierte und deren Erinnerungen vor Kurzem erschienen, schildert Michels in seiner Münchener Zeit als „Typ eines düsteren Revolutionärs", in den sie sich „sehr" verliebte. Vgl. Egon Günther, Thies Marsen (Hg.): Hilde Kramer. Rebellin in München, Moskau und Berlin. Autobiographisches Fragment 1900-1924. Berlin: BasisDruck Verlag 2011, S. 127.

76 Pol Michels: Politik in keinem Sinne. Eine Auseinandersetzung mit Mehreren. In: Die Erde 1 (1919) 24 [15.12.1919], S. 694-696, hier S. 694.

77 Ziegelbrenner, 15, S. 1.

78 Ziegelbrenner, 15, S. 13.

79 Pol Michels: Vom Geist der neuen Jugend. In: Zentralvorstand der Luxemburger Volksbildungsvereine (Hg.): Luxemburger Volksbildungskalender 1920: Luxemburg: Gustave Soupert [1919], S. 61-63, hier S. 62.

80 Ibid.

81 Marut war „ein Mann, erfüllt von einem verzweifelten Idealismus. Seine Hauptangriffsziele waren der Krieg, die kapitalistischen Kriegshetzer, die ihn vom Zaun gebrochen hatten, und die Zeitungen." (Vgl. Wyatt, S. 201.)

82 Ziegelbrenner 1, S. 1.

83 Gust. van Werveke: Das Aktionsbuch. In: La Voix des Jeunes, 2 (1918) 3 [März 1918], S. 32.

84 Ziegelbrenner, 15, S.1.

85 Ziegelbrenner, 9-14, S. 86.

86 Ziegelbrenner, 4, S. 79.

87 Gust. van Werveke: Wir Zwischenländler. In: Der Strom. Eine Buchfolge, Nr. 3, 1919, S. 3-5.

88 Ibid.

89 Ziegelbrenner, 9-14, S. 94.

90 Ziegelbrenner, 9-14, S. 95.

91 Ziegelbrenner, 18/19, S. [24].

92 Ziegelbrenner, 18/19, S. 8-9.

93 Ziegelbrenner, 18/19, 3. Umschlagseite.

94 Junius [Pol Michels]: Jugendprobleme. In: Der Junge Kommunist, 01.03.1921.

95 Pol Michels: Neue Jugend. Eine Auseinandersetzung mit Mehreren. In: La Voix des Jeunes 2 (1918) 3 [März 1918], S. 28-29. Ähnliche Gedankengänge finden sich auch in Michels' Text Jugend. In: Die Erde 1 (1919) 6 [15.03.1919] S. 166-169, bzw. in: AGEL Annuaire 1919/1920. Luxemburg [1920], S. 94-98 und in Michels' Text Vom Geist der neuen Jugend. In: Zentralverband der Luxemburger Volksbildungsvereine (Hg.): Luxemburger Volksbildungskalender 1920. Luxemburg [1919], S. 61-63.

96 Junius [= Pol Michels]: Neue Politik. In: La Voix des Jeunes 3 (1919) 2 [Februar 1919], S. 16-17.

97 Ziegelbrenner, 1, S. 2-3.

98 Pol Michels: Westeuropa. Deutscher Krieg und deutsche Revolution. In: Der Gegner 1 (1919/1920) 5 [Juli 1919], S. 10-13, hier S. 13.

99 Ziegelbrenner, 9-14, S. 90.

100 Ziegelbrenner, 9-14, S. 89.

101 Gust. van Werveke: Paul Robert. Skizzen zu einem Roman. In: Les Cahiers Luxembourgeois, 1927-28, Nr. 1, S. 28.

102 Pol Michels: Lettre à un déraciné. In: Der Gegner, 1 (1919) 2/3 [Mai 1919], S. 8-13. Der Text war auch in französischer Sprache in der *Voix des Jeunes* unter dem Titel *Le Réceptacle. Lettre à une de mes connaissances* erschienen und war an Michels' Kommilitonen Raymond C[onter] gerichtet (La Voix des Jeunes 2 (1918) 11 [November 1918], S. 124-126). Zu diesem Text vgl. Pol Michels: Choix de textes 1917-1922. Textes présentés, annotés et commentés par Gast Mannes. Mersch 2004, S. 93-97. Die Darstellung folgt hier der deutschen Übersetzung von Michel R. Lang unter dem Titel Brief an einen Entwurzelten. In: Der Gegner. Fotomechanischer Neudruck mit einem Geleitwort von Wieland Herzfelde und einer Einleitung von Hans-Jörg Görlich. Berlin 1979. Beiheft S. 19-22, hier S. 21.

103 Ziegelbrenner, 9-14, S. 88.

104 Ziegelbrenner, 35/40.

105 Ziegelbrenner, 15.

106 Ziegelbrenner, 18/19.

107 Ziegelbrenner, 15, S. 3.

108 Ziegelbrenner, 15, S. 4.

109 Ziegelbrenner, 23/24/25, Umschlagseite 2. Gleicher Text auf Umschlagseite 2 des Ziegelbrenner, 26/34 vom 30. April 1920.

110 Pol Michels: Lettre à un déraciné. In: Der Gegner, 1 (1919) 2/3 [Mai 1919], S. 8-13. In: Der Gegner. Fotomechanischer Neudruck mit einem Geleitwort von Wieland Herzfelde und einer Einleitung von Hans-Jörg Görlich. Berlin 1979. Beiheft S. 19-22, hier S. 19.

111 Junius [Pol Michels]: Das Tagebuch: Renegat Schaack führt wieder konterrevolutionären Mist zusammen. In: Der Kampf 14.05.1921. Zur Zeitschrift Der arme Teufel vgl. Janine Wehenkel-Frisch: Der arme Teufel. Sozialdemokratische Zeitung. Monographie d'un journal socialiste luxembourgeois (1903-1929). Luxemburg 1978 und Hilgert, S. 166-167.

112 Ziegelbrenner, 5/6/7/8, S. 119; vgl. auch Hauschild, S. 351-352.

113 Ziegelbrenner, 15, S. 6.

114 Ziegelbrenner, 5/6/7/8, S. 113.

115 Ziegelbrenner, 15, S. 8. Dieser Auszug war abgedruckt in der luxemburgischen Zeitung *Die Schmiede,* 12.04.1919, S. 3 mit dem Hinweis Aus der Rede des Ziegelbrenner. Richters Hinweis, der Ziegelbrenner werde in der Revolutionsphase November 1918 und April 1919 von keinem Rezensenten mehr erwähnt, stimmt also nur bedingt; vgl. Richter, S. 159.

116 Ziegelbrenner, 16-17, S. 1.

117 Ziegelbrenner, 18/19, S. 10-11.

118 Pol Michels: Proletarische Weihnachtspredigt. In: Die Aktion 10 (1920) 51/52 [25.12.1920], Sp. 702-703. Lothar Peter zählte gerade Michels zu der mit dem Spartakusbund und der Kommunistischen Partei Deutschlands sympathisierenden Minderheit, die die Diktatur des Proletariats unterstützte und die Anwendung revolutionärer Gewalt nicht ablehnte. Als Beleg führte Peter gerade die in der Aktion veröffentlichte Proletarische Weihnachtspredigt an; vgl. Lothar Peter: Literarische Intelligenz und Klassenkampf. ‚Die Aktion 1911-1932', S. 69.

119 Pol Michels: Politik in keinem Sinne. Eine Auseinandersetzung mit Mehreren. In: Die Erde 1 (1919) 24 [15.12.1919], S. 694-696, hier S. 696.

120 Ziegelbrenner, 16-17, S. 23.

121 Pol Michels: Revolution mit Vorsicht. In: Der Gegner 2 (1920/21) 1-2 [nach 17. Juni 1920], S. 43-44, hier S. 43.

122 Pol Michels: Revolution mit Vorsicht. In: Der Gegner 2 (1920/21) 1-2 [nach 17. Juni 1920], S. 43-44, hier S. 44.

123 Pol Michels: Westeuropa. Deutscher Krieg und deutsche Revolution. In: Der Gegner 1 (1919/1920) 5 [Juli 1919], S. 10-13, hier S. 13.

124 Gust. van Werveke: Die deutsche Revolution und die andere. In: Die Erde 1 (1919) 16/17, S. 487-490, hier S. 489; der gleiche Text war vorher unter dem Titel *Revolution und Komödie. Bolschewisten und Scheidemännlein* und mit dem Vermerk „Teilweise entlehnt einem Manuskript für die Erde, Halbmonatsschrift für Menschheitspolitik, Breslau" in der Voix des Jeunes 3 (1919) 8 [August 1919], S. 69-71, erschienen.

125 B. Traven: Das Totenschiff. Die Geschichte eines amerikanischen Seemanns. Zürich: Büchergilde Gutenberg 1937, S. 237.

126 Joachim Dietze: B. Travens Wortschatz. Ein Frequenzwörterbuch zu seinen drei Schaffensperioden. K. G. Saur, München 1998, S. 6.

127 James Goldwasser: Ret Marut. The Early B. Traven. In: The Germanic Review 68, Nr. 3, Juni 1993, S. 133-142, hier S. 140.

128 Ibid., S. 142.

129 Recknagel, S. 12, S. 237, S. 436, Fußnote 981.

130 Guthke, S. 238. Das aber ist nicht von Belang, da, auch wenn es sich um deutsche Grenzortschaften handelt, Marut sehr wohl in einer dieser Ortschaften ausgestiegen und über die Mosel nach Luxemburg gekommen sein kann.

131 Wyatt, S. 214-215.

132 Vgl. Hauschild, S. 455-456.

133 Vgl. Hauschild, S. 461.

134 Vgl. Hauschild, S. 538.

135 Vgl. Hauschild, S. 467.

136 Vgl. Hauschild, S. 467-468.

137 Vgl. Hauschild, S. 461.

138 Vgl. Mannes, S. 117-120.

139 James Goldwasser: Ret Marut. The Early B. Traven. In: The Germanic Review 68, Nr. 3, Juni 1993, S. 133-142, hier S. 137.

140 Franz Wilhelm Seiwert (1894-1933): avantgardistischer Maler und Bildhauer; ab 1910 Besuch der Kölner Kunstgewerbeschule und anschließende Tätigkeit bei einem Architekten; um 1916 erste expressionistische Holzschnitte; Mitarbeiter der Berliner Aktion und des Kölner Strom; christlich motiviertes Frühwerk; 1919 und 1920 Aufenthalt im Eifeldorf Simonskall in einer Künstlerkolonie; Bekanntschaft mit Max Ernst; ab 1921 Hinwendung zum Marxismus und vom sozialen Elend der Arbeiter im Ruhrgebiet geprägtes Werk mit immer abstrakteren Bildern und eigener Formensprache, so z. B. ein Glasfenster-Entwurf für die Konditorei Namur in Luxemburg (1928); von 1929 bis 1933 Herausgeber und Redakteur von *a bis z*, dem Organ der „Gruppe Progressiver Künstler". Zu Seiwert vgl. H. U. Bohnen: Das Gesetz der Welt ist die Änderung der Welt. Die rheinische Gruppe progressiver Künstler (1918-1933). Berlin: Karin Kremer Verlag 1976; Uli Bohnen: Franz W. Seiwert 1894-1933. Leben und Werk. Text und Werkverzeichnis. Köln: Kölnischer Kunstverein 1978; Uli Bohnen, Dirk Backes: Der Schritt, der einmal getan wurde, wird nicht zurückgenommen. Franz W. Seiwert. Schriften. Berlin: Karin Kramer Verlag 1978; Lynette Roth: köln progressiv. 1920-33. Seiwert – hoerle – arntz. Köln: Museum Ludwig 2008.

141 Guthke, S. 231.

142 Vgl. Hauschild, S. 537. Vgl. auch Reinhard Schilf (Hg.): Experiment Kalltalgemeinschaft. Die Kölner Progressiven in Simonskall 1919-1921. Ausstellung im Junkerhaus Simonskall. [o.O.]: Rheinische Edition 2008.

143 Vgl. Franz Wilhelm Seiwert: Über Ret Marut. In: Uli Bohnen, Dirk Backes: Der Schritt, der einmal getan wurde, wird nicht zurückgenommen. Berlin: Karin Kramer Verlag 1978, S. 70.

144 Datierung nach Kölnischer Kunstverein: Seiwert, 1978, S. 20.

145 Franz Wilhelm Seiwert: An Pol Michels; handschr. Manuskript aus dem Nachlass, undat.; In: Bohnen, Backes, S. 79.

146 Josef Kornschlag [Karl Schnog]: B. Traven, der Dichter im Urwald, gegen den Urwald. In: Escher Tageblatt, 22.08.1936.

147 P[ol] M[ichels]: Wer ist B. Traven? In: Escher Tageblatt, 09.09.1950.

148 Diesbezügliche Nachforschungen im Bundesarchiv Berlin verliefen leider negativ.

149 „Erinnerungsbericht" Gust. van Wervekes an Armin Richter vom 5. 4. 1971. In: Richter, S. 406.

150 Die Korrespondenz ist verzeichnet in James Goldwasser: B. Traven. Archive of Ret Marut & Der Ziegelbrenner 1901-1923. Catalogue, vervielf. Typoskript, S. 39 (Marut, Box 7), S. 62 (Michels, Box 9) und S. 66 (van Werveke). Referenz für dieses und die folgenden Dokumente sowie deren photographischen Abbildungen: Ret Marut and Der Ziegelbrenner Collection. University of California, Riverside Libraries, Special Collections & Archives, University of California, Riverside. In diesem Zusammenhang seien Heidi Hutchinson, Librarian an der Raymond L. Orbach Science Library, University of California, Riverside und besonders Gwido Zlatkes, Reference Librarian an der Tomas Rivera Library, Special Collections, University of California, Riverside für ihre zuvorkommende Hilfestellung herzlich gedankt.

151 Anspielung auf den Text WIR! Manifest des Cénacle des Extrêmes. In: Voix des Jeunes, Nr. 1, August 1917, S. 6-7. Vgl. Mannes, S. 39-42.

152 Das Typoskript, eine ungezeichnete Durchschlag-Kopie, ist rechtsseitig beschädigt mit Textverlust.

153 Frantz Heldenstein (1892-1975): nach Studien in Karlsruhe, München und Paris Bildhauer und Innenarchitekt in Luxemburg.

154 Vgl. Anmerkung 22.

155 Gemeint sind die Hefte der ab 1917 von Pfemfert herausgegebenen Reihe *Der Rote Hahn* mit Texten von u.a. Karl Otten, Iwan Goll, Gottfried Benn, Jakob van Hoddis, Carl Sternheim, Leo Tolstoi. Auch Pol Michels war von Pfemfert für einen Band vorgesehen. Die Hefte erschienen mit roten Umschlägen und weißen Titelschildern und enthielten zunächst literarische, dann ab der Revolution 1918 fast ausschließlich politische Texte.

156 Erich Knauf, der neue Lektor der Büchergilde ab 1930 brachte neue Akzente in das Programm der Büchergilde. Selbst politischer Autor, unter anderem des Reportage-Romans *Ca ira* aus den Tagen des Kapp-Putsches, band er eine jüngere Generation von Schriftstellern an sich und verlieh dem Programm „linkere" Akzente (vgl. https://www.buechergilde.de/id-30er-jahre.html).

157 Abgedruckt in Richter, S. 406.

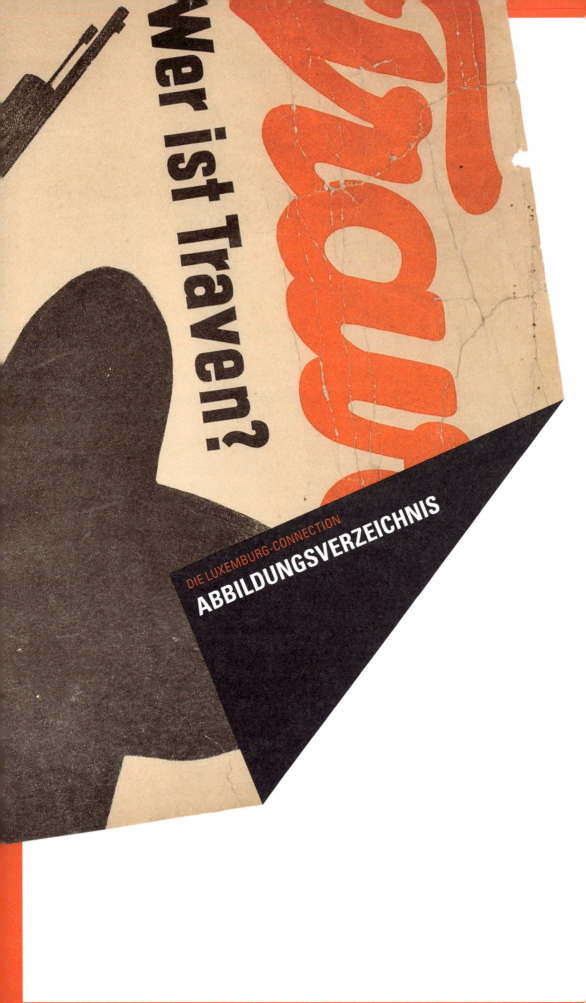

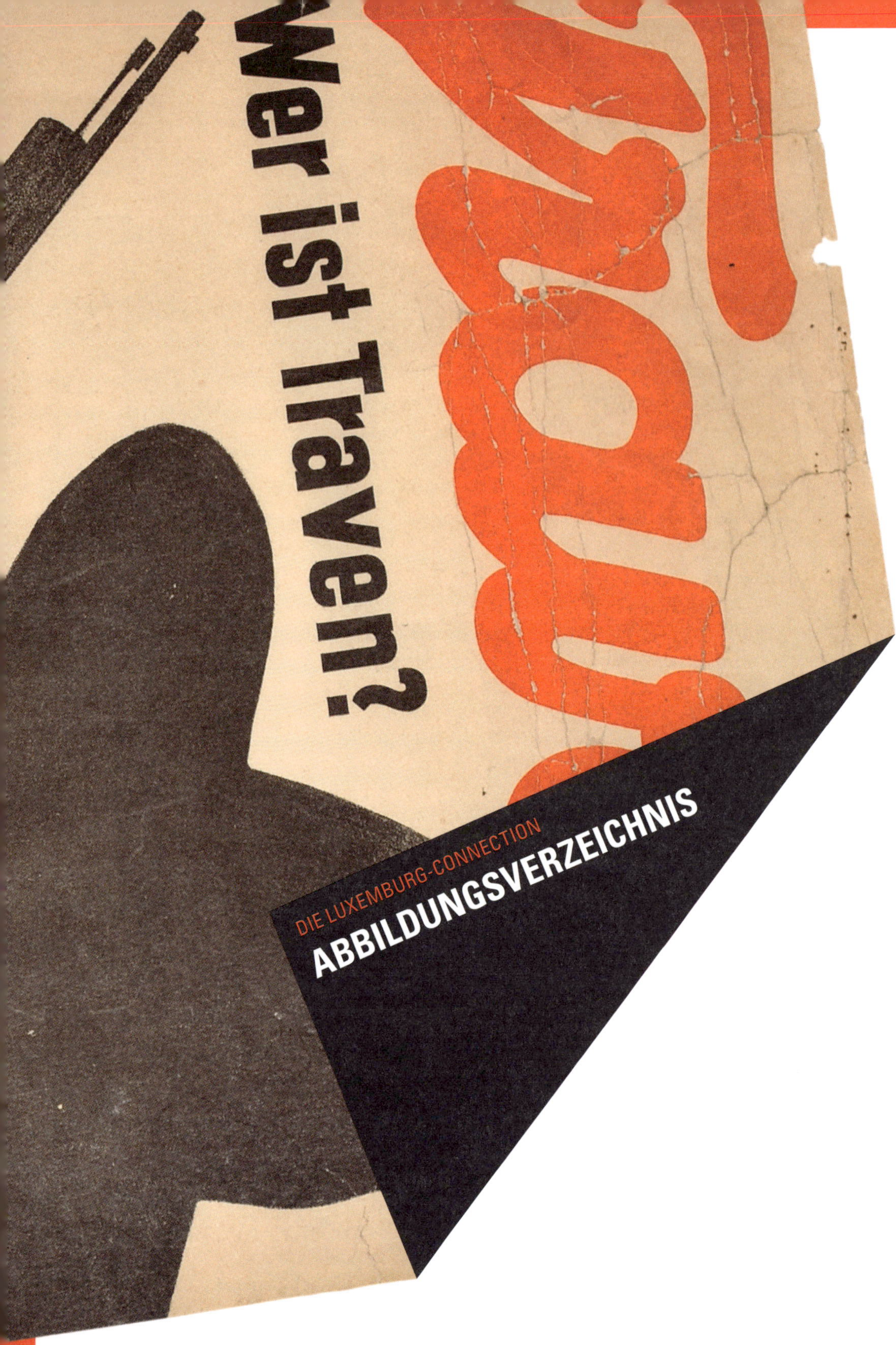

DIE LUXEMBURG-CONNECTION

ABBILDUNGSVERZEICHNIS

DIE LUXEMBURG-CONNECTION

1. **Ret Marut. Photographie. Um 1910.**
   Jan-Christoph Hauschild: B. Traven – Die unbekannten Jahre. Edition Voldemeer, Springer. Zürich, Wien, New York 2012, S. 505. / http://www.btraven.com/deutsch/estate.html

2. **Félix Glatz: Gust. van Werveke. Zeichnung. Luxemburg 1933.**
   AGEL: Annuaire 1933, Luxemburg 1933, S. 86.

3. **Auguste Trémont: Pol Michels. Aquarell. Luxemburg 1917.**
   Privatsammlung.

4. **R. Hertz: Luxemburger Kriegsgebet. Postkarte. Luxemburg 1916.**
   Privatsammlung.

5. **AGEL: Annuaire 1913. Luxemburg 1913. Umschlag. Vorderseite.**
   Privatsammlung.
   AGEL: Annuaire 1913. Luxemburg 1913. Umschlag. Rückseite.
   Privatsammlung.

6. **AGEL: Voix des Jeunes. 1. Jahr. Nr. 1. August 1917. Luxemburg 1917.**
   Privatsammlung.

7. **AGEL: Annuaire 1917. Luxemburg 1917.**
   Privatsammlung.

8. **Ret Marut: Der Ziegelbrenner. 1. Jahr. Heft 2. 1. Dezember 1917. München 1917.**
   Privatsammlung.

9. **Gust. van Werveke: Brief an Ret Marut. Luxemburg, Fructidor [15. September] 1917.**
   Ret Marut and Der Ziegelbrenner Collection. University of California, Riverside Libraries, Special Collections & Archives, University of California, Riverside.

10. **Ludwig Meidner: Porträtskizze [Franz Pfemfert]. Zeichnung. Berlin 1915.**
    Die Aktion. Berlin 1915. Nr. 5/6, Spalte 59.
    Privatsammlung.

11. **Mechtilde Lichnowsky: Karl Kraus. Kuchelna 1920. Photographie.**
    Wienbibliothek im Rathaus, Handschriftensammlung, Sammlung Karl Kraus / Anita Kössler. (ZPH 985), H.I.N.-235404.

12. **Andreas Latzko: Menschen im Krieg. Max Rascher Verlag. Zürich 1918.**
    Privatsammlung.

13. **Henri Barbusse: Le Feu (Journal d'une Escouade). Ernest Flammarion. Paris [1917]. Umschlag. Vorderseite.**
    Henri Barbusse: Le Feu (Journal d'une Escouade). Ernest Flammarion. Paris [1917]. Schmutztitel mit handschriftlichem Eintrag: Pol Michels 1917 31 juillet (1096me jour du Massacre!)
    Privatsammlung.

14. **Gust. van Werveke, Pol Michels: Brief an Ret Marut. München, 14. November 1917.**
    Ret Marut and Der Ziegelbrenner Collection. University of California, Riverside Libraries, Special Collections & Archives, University of California, Riverside.

15. **Ret Marut: Der Ziegelbrenner. 1. Jahr. Heft 1. 1. September 1917. München 1917. 4. Umschlagseite.**
    Privatsammlung.

16. **Ret Marut: Der Ziegelbrenner. 1. Jahr. Heft 2. 1. Dezember 1917. München 1917. 3. Umschlagseite.**
    Privatsammlung.

17. **Ret Marut: Der Ziegelbrenner. 3. Jahr. Heft 16/17. 10. März 1919. München 1919. 1. Umschlagseite.**
    Privatsammlung.

18. **Ret Marut: Der Ziegelbrenner. 3. Jahr. Heft 16/17. 10. März 1919. München 1919. 3. Umschlagseite.**
    Privatsammlung.

19. **[Ret Marut]: Der BLaugetupfte SPerlinG. Grotesken. Skizzen. Erzählungen.**
    Der Ziegelbrenner Verlag. München 1919.
    Privatsammlung.

20. **Ret Marut. Photographie. O. O. O. D.**
    Privatsammlung Wolf-Dietrich Schramm.

21. **Franz Wilhelm Seiwert: Sieben Antlitze der Zeit. Zeichnung.**
    Ret Marut: Der Ziegelbrenner. 5. Jahr. Heft 35/40. 21. Dezember 1921. S. 7.
    Privatsammlung.

22. **Franz Wilhelm Seiwert: Sieben Antlitze der Zeit. Zeichnung.**
    Ret Marut: Der Ziegelbrenner. 5. Jahr. Heft 35/40. 21. Dezember 1921. S. 4.
    Privatsammlung.

23. **Franz Wilhelm Seiwert: Wie lange noch? Linolschnitt. O.O. O. D.**
    Franz W. Seiwert. Leben und Werk. Kölnischer Kunstverein. Köln. O. D. Postkarte.
    Privatsammlung.

24. **Franz Wilhelm Seiwert: Die Menschen fallen, die Profite steigen! Tuschezeichnung. O. O. 1924.**
    Franz W. Seiwert: Schriften. Karin Kramer Verlag. Berlin. O. D. Postkarte.
    Privatsammlung.

25. **Franz Wilhelm Seiwert: Sieben Antlitze der Zeit. Zeichnung.**
    Ret Marut: Der Ziegelbrenner. 5. Jahr. Heft 35/40. 21. Dezember 1921. S. 3.
    Privatsammlung.

26. **Ret Marut: Der Ziegelbrenner. 3. Jahr. Heft 18/19. 3. Dezember 1919. München 1919. 4. Umschlagseite.**
    Privatsammlung.

27. **Ret Marut: Die Rede des Ziegelbrenner. Die Welt-Revolution beginnt (Auszug).**
    Ret Marut: Der Ziegelbrenner. 3. Jahr. Heft 15. 30. Januar 1919. München 1919, S. 8.
    Privatsammlung.

28. **Die Aktion. Pol Michels: Proletarische Weihnachtspredigt.**
Die Aktion. 10. Jahr. Heft 51/52 [25. Dezember 1920]. Berlin 1920. Sp. 702-703.
Privatsammlung.

29. **Die Erde. Pol Michels: Politik in keinem Sinne. Eine Auseinandersetzung mit Mehreren.**
Die Erde. 1. Jahr. Heft 24. 15. Dezember 1919. Breslau 1919. S. 694-696.
Privatsammlung.

30. **Die Erde. Gust. van Werveke: Die deutsche Revolution und die andere. – Pol Michels: Eine Stellungnahme zum Problem.**
Die Erde. 1. Jahr. Heft 16/17. 1. September 1919. Breslau 1919.
Privatsammlung.

31. **Frantz Heldenstein: Pol Michels.**
1918. Gipsbüste.
Foto: Christof Weber.
CNL.

32. **Luxemburgische Geldnote aus dem Besitz Ret Maruts. Vorderseite.**
Privatsammlung Wolf-Dietrich Schramm.
Luxemburgische Geldnote aus dem Besitz Ret Maruts. Rückseite.
Privatsammlung Wolf-Dietrich Schramm.

33. **Franz Wilhelm Seiwert: Ret Marut. Tusche. Um 1919.**
Franz W. Seiwert: Schriften. Karin Kramer Verlag. Berlin. O. D.
Postkarte.
Privatsammlung.

34. **Dorothea Kramer: Pol Michels. Tuschzeichnung. 1920.**
Privatsammlung.

35. **August Sander: Franz Wilhelm Seiwert. Photographie. O. O. 1924. Postkarte.**

Privatsammlung.

36. **Franz Wilhelm Seiwert: Sieben Antlitze der Zeit. Zeichnung.**
Ret Marut: Der Ziegelbrenner.
5. Jahr. Heft 35/40. 21. Dezember 1921. S. 2.
Privatsammlung.

37. **Franz Wilhelm Seiwert: Sieben Antlitze der Zeit. Zeichnung.**
Ret Marut: Der Ziegelbrenner.
5. Jahr. Heft 35/40. 21. Dezember 1921. S. 5.
Privatsammlung.

38. **Franz Wilhelm Seiwert: Sieben Antlitze der Zeit. Zeichnung.**
Ret Marut: Der Ziegelbrenner.
5. Jahr. Heft 35/40. 21. Dezember 1921. S. 8.
Privatsammlung.

39. **Franz Wilhelm Seiwert: Sieben Antlitze der Zeit. Zeichnung.**
Ret Marut: Der Ziegelbrenner.
5. Jahr. Heft 35/40. 21. Dezember 1921. S. [6].
Privatsammlung.

40. **Gust. van Werveke: Briefumschlag an Ret Marut. Luxemburg. 15. September 1917.**
Ret Marut and Der Ziegelbrenner Collection. University of California, Riverside Libraries, Special Collections & Archives, University of California, Riverside.

41. **Gust. van Werveke: Briefumschlag an Ret Marut. Luxemburg. 25. März 1918.**
Ret Marut and Der Ziegelbrenner Collection. University of California, Riverside Libraries, Special Collections & Archives, University of California, Riverside.

WER IST B. TRAVEN?

42. **Egon Schiele: Karl Otten. Zeichnung. O. O. O. D.**
Kurt Pinthus (Hrsg.): Menschheitsdämmerung. Symphonie jüngster Dichtung. Ernst Rowohlt Verlag. Berlin 1920, S. 201.
Privatsammlung.

43. **Pol Michels: Briefkarte an Ret Marut. Luxemburg. 3. November 1917.**
Ret Marut and Der Ziegelbrenner Collection. University of California, Riverside Libraries, Special Collections & Archives, University of California, Riverside.

44. **Franz Pfemfert (Hrsg.): Das Aktionsbuch. Verlag der Wochenschrift Die Aktion. Berlin-Wilmersdorf 1917.**
Privatsammlung.

45. **Karl Kraus: Die Fackel. 19. Jahr. Heft 472/473. November 1917. Wien 1917. Vorderseite.**
Privatsammlung.

46. **AGEL: La Voix des Jeunes. Nr. 4. November 1917. Luxemburg 1917.**
Privatsammlung.

47. **Félix Glatz: Paul Weber. Zeichnung. Luxemburg 1933.**
AGEL: Annuaire 1933. Luxemburg 1933, S. 175.
Privatsammlung.

48. **Pol Michels: Postkarte an Ret Marut. Luxemburg. 14. März 1918.**
Ret Marut and Der Ziegelbrenner Collection. University of California, Riverside Libraries, Special Collections & Archives, University of California, Riverside.

49. **Prospekt des Universitas Verlags. Berlin. O. D. S. 1. Prospekt des Universitas Verlags. Berlin. O. D. S. 4. Prospekt des Universitas Verlags. Berlin. O. D. S. 2. Prospekt des Universitas Verlags. Berlin. O. D. S. 3.**
Privatsammlung.

50. **Franz Pfemfert: Bis zum August 1914.**
Der Rote Hahn Band 14/15. Verlag der Wochenschrift Die Aktion (Franz Pfemfert). Berlin-Wilmersdorf 1918.
Privatsammlung.

51. **Ret Marut: Der Ziegelbrenner. 3. Jahr. Heft 9-14. 15. Januar 1919. München 1919.**
Privatsammlung.

52. **Ret Marut: Der Ziegelbrenner. 3. Jahr. Heft 18/19. 3. Dezember 1919. München 1919.**
Privatsammlung.

DANKSAGUNG

Mein Dank geht an Wolf-Dietrich Schramm für die Bereitstellung von Bildmaterial aus seiner Privatsammlung. Mein besonderer Dank geht an Heidi Hutchinson, Librarian an der Raymond L. Orbach Science Library, University of California, Riverside und an Gwido Zlatkes, Reference Librarian an der Tomas Rivera Library, Special Collections, University of California, Riverside für ihre zuvorkommende Hilfestellung bei der Beschaffung der Dokumente und photographischen Abbildungen aus der Ret Marut and Der Ziegelbrenner Collection. University of California, Riverside Libraries, Special Collections & Archives, University of California, Riverside. Ebenso danke ich ganz herzlich rose de claire für die graphische Umsetzung und das Layout.

Gast Mannes

★ WER IST B. TRAVEN? ★

★ VERSUCHE EINER ANTWORT ★

Satz, Layout und Buchdesign: rose de claire, design
Druck: Imprimerie Centrale

Centre national de littérature
Maison Servais/Mersch/Luxembourg
2, rue Emmanuel Servais
L-7565 Mersch
Tél. : (352) 32 69 55-1
Fax : (352) 32 70 90
e-mail : info@literaturarchiv.lu
www.cnl.public.lu

Ausstellung: "Ich bin nichts als ein Ergebnis der Zeit". Das Rätsel B. Traven

Leihgeber: Heinrich-Heine-Institut Düsseldorf; Theatermuseum Düsseldorf;
Privatsammlung Wolf-Dietrich Schramm, Lübeck; Privatsammlung Gast Mannes, Luxemburg.
Kuratoren: Jan-Christoph Hauschild (Heinrich-Heine-Institut) und Michael Matzigkeit (Theatermuseum Düsseldorf)
unter Mitarbeit von Wolf-Dietrich Schramm und Gast Mannes.
Projektkoordination: Claude D. Conter.

13.06. – 06.11.2013
Öffnungszeiten / heures d'ouverture:
Montag-Freitag / lundi-vendredi: 10.00-17.00 heures
Führungen nach Vereinbarung / visites guidées sur demande

ISBN: 978-2-919903-32-0

Centre national de littérature
M E R S C H
Lëtzebuerger Literaturarchiv

WER IST B. TRAVEN?

VERSUCHE EINER ANTWORT

★ CENTRE NATIONAL DE LITTÉRATURE MERSCH ★

2013

KORRESPONDENZ RET MARUT – POL MICHELS – GUST. VAN WERVEKE[150]

1. BRIEF VON GUST. VAN WERVEKE AN RET MARUT VOM 15. SEPTEMBER 1917

[Vorderseite:]
Herrn
Ret Marut,
Verlag „Der Ziegelbrenner"
München 23.
Clemensstrasse

[Poststempel:]
Luxembourg Ville 15.9.17. 6-7 S

[Militärstempel:]
Überwachungsstelle des VIII. Armeekorps Trier
Freigegeben

[Rückseite:]
Abs: Gust van Werveke
Luxemburg - Limpertsberg

Cénacle des Extrêmes
Luxemburg, Fructidor [15. September] 1917
Werter Herr Marut!
Im Namen des Cénacle, (u. also auch meines Freundes Pol Michels,) Dank für die Zusendung des „Ziegelbrenners". Der Neu-Aufbau, den Sie wünschen u. die Weise, wie Sie es tun, bietet manche Berührungspunkte mit den Zielen, die auch wir verfolgen: Aktivismus, Pazifismus, Internationalismus, konkreter gefasst auch wohl Vereintes Europa, Grundgedanke unsrer Ideengemeinschaft. „Man gebe den Menschen ein bewegteres, ein reicheres, ein vollsaftigeres Leben; man mache ihnen die Arbeit zur Freude u. nicht zum blossen Mittel, die Nahrung schwer genug zu sichern; man gebe den Menschen jede Möglichkeit, ihre ganzen Fähigkeiten u. Begabungen anzuwenden u. auszunützen, statt sie verkümmern zu lassen": ich glaube, wenn wir[151] „das Leben als Ziel gelehrt" wissen wollen, so gehen unsere Ansichten nicht weit auseinander. Ich kann voraussetzen, daß K[arl] O[tten] Ihnen unser Manifest (nicht Programm!) übermittelt hat. Lange Worte sind also vorläufig überflüssig. Zudem werde ich ab nächsten Monat mit meinen Freunden meine Residenz nach München verlegen, werde mir dann erlauben, trotz Ihres Besuchsverbotes, bei Ihnen vorzusprechen, u. hoffe in ungezwungener Aussprache die Grundlage eines eventuellen Zusammenarbeitens zu finden. Bis dahin grüsse ich Sie, mit Bitte um kurze

Rückantwort! u. drücke Ihnen zugleich die Hochachtung unsers ganzen Kreises aus, in Einzelheiten vielleicht verschieden, im Ganzen Gesinnungsgenossen.
Gust van Werveke
Luxemburg - Limpertsberg.

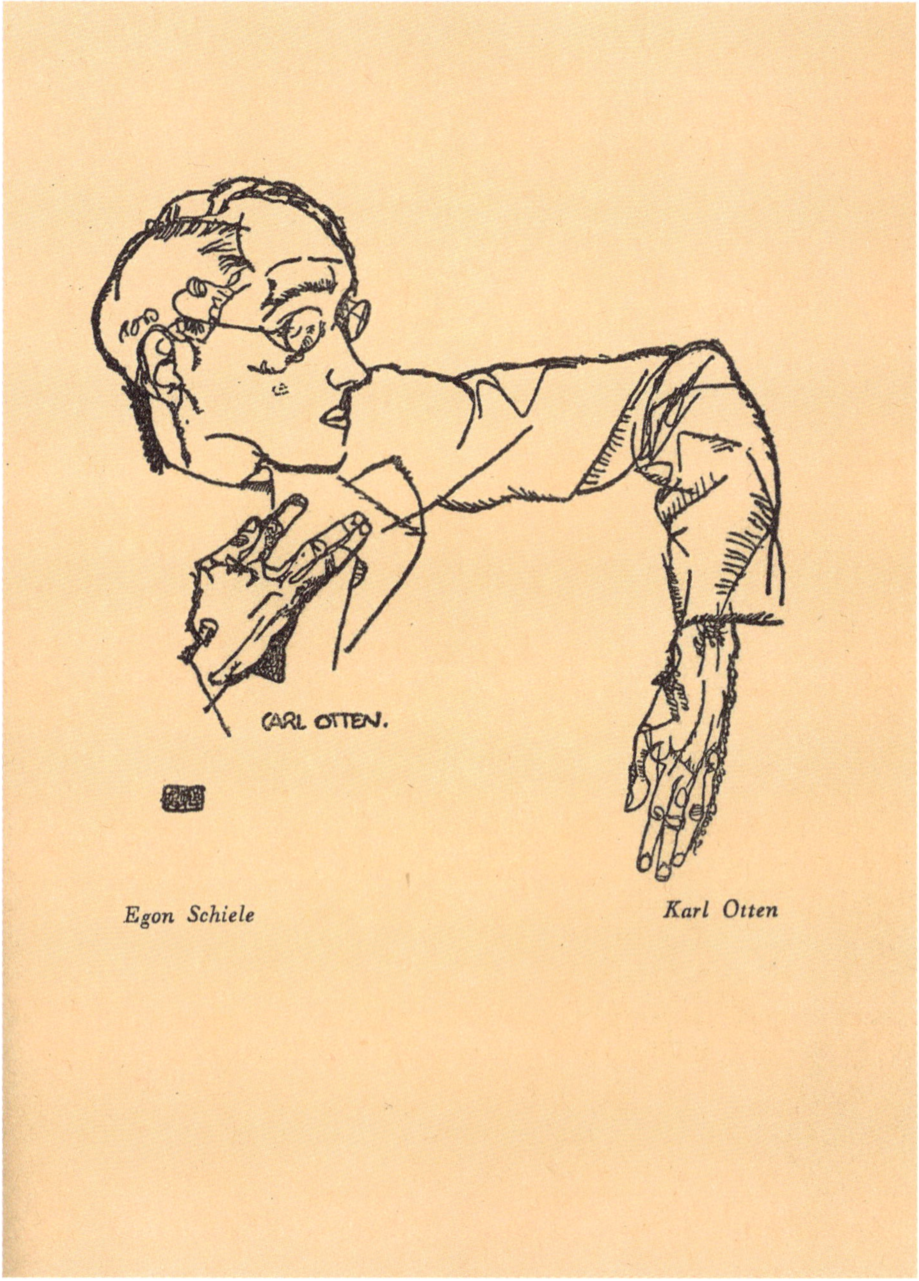

42. | Egon Schiele: Karl Otten. Zeichnung. O. O. O. D.

2. BRIEF VON RET MARUT AN GUST. VAN WERVEKE VOM 24. SEPTEMBER 1917[152]

[München], 24. September 1917

Werter Herr van Werveke,

Ihr liebes Schreiben hat mir au[f]richtige Freude bereitet und ich danke Ihnen herzlich für Ihre zustimmenden Worte und da Sie gleichzeitig im Namen Ihrer stürmenden Vereinigung sprechen, bitte ich Sie, I[hren] Freunden meinen Gruss zu entbieten. Bei Gründun[g] meiner kleinen Zeitschrift habe ich mir kein f[est] umgrenztes Ziel gesteckt, es sei denn, dass man al[s] Ziel bezeichnet, aufklärend zu wirken und alle[n Ver]hetzungen der Völker entgegen zu arbeiten. Um [diese] Absichten durchzuführen erscheint mir die rück[sichts]lose Stärkung des Lebenswillens, das Verbreiten [der] Ueberzeugung, dass die erste und schönste Pflicht [des] Menschen ist, vor allem Mensch zu sein, als das zur Zeit beste Mittel. Sie nennen das: Aktivismus und meinen dasselbe: denn auf das Wort kommt es nicht an sondern auf die Sache. Gelingt es uns, also alle [die] in unserm Sinne – wenn auch getrennt – arbeiten [so] müssen alle die Dinge, die Sie gesondert erwähnen, [wie] Pazifismus, Internationalismus, Vereintes Europa notwendigerweise und ganz von selbst folgen. Si[e] haben den ersten Aufsatz ja gelesen und wie ich sehe, auch verstanden: was nicht leicht war, [weil die] schmerzlichen Zeitumstände und manche andere Dinge mich zwangen, Ueberzeugungen zu umschreiben. Es ist ja auch alles nur für jene geschrieben, die darauf eingestellt sind. An dem, was man einmal als das Richtige vollkommen erfasst hat, nicht irre werden, ist das Einzige. Und wenn man bei Beurteilung und Einschätzung des Richtigen immer nur vom Menschen ausgeht, kann man nicht in die Irre geraten. Man kann seine Wege ändern, aber nicht seine Absichten.
Ihr Manifest habe ich bisher noch nicht erhalten, was ich sehr bedauere. Ich denke, dass Sie und Ihre Freunde nichts dagegen haben, wenn ich in einer [!] der nächsten Hefte Ihren Brief unter Weglassen des rein Persönlichen veröffentliche, sofern ich dafür Raum bekomme; denn der Stoff, den ich vor mir sehe, liegt bergehoch.
Das „Besuche verbeten!" gilt für alle. Sie würden vergebens vor meiner Tür stehen. Wenn Sie aber kommen, werde ich jedoch mich trotzdem freuen, mit Ihnen zu sprechen. Dann bitte ich Sie, mir zu schreiben, wohin ich Ihnen Mitteilung zukommen lassen kann, sobald Sie hier sind.
Mit Gruss

3. BRIEF VON GUST. VAN WERVEKE AN RET MARUT VOM 2. OKTOBER 1917

[Vorderseite:]
Herrn
Ret Marut
Verlag des „Ziegelbrenner"
München 23
Clemensstrasse 84.

[Poststempel:]
Luxembourg Ville 2.10.17.[Rest unleserlich]

[Militärstempel:]
Überwachungsstelle des VIII. Armeekorps Trier
Freigegeben

[Rückseite nicht beschrieben (?)]

Cénacle des Extrêmes
Luxemburg, Vendémiaire [2. Oktober] 1917
Werter Herr Marut!
Daß Sie unser Manifest noch nicht erhalten haben, muss an den widrigen Zeitumständen liegen! Daß Sie uns trotzdem einen so lieben Brief geschrieben, hat uns doppelt gefreut! Denn wenn es immer gut tut ein Echo zu finden auf seine Rufe: in der Sache, die wir vertreten wirkt es zu dieser Stunde geradezu wie eine Befreiung Gleichgesinnte bereit zu finden, geeint durch den rücksichtslosen Willen zur Menschwerdung, bereit zu kämpfen, wie immer es auch sei. Ich habe vor ein paar Tagen von einem Freund aus Deutschland einen Brief erhalten, in dem die Worte stehen: „Es fehlte uns damals (vor dem grossen Unglück) durchaus an der persönlich erlebten Ehrfurcht vor dem Ewigen, Unausgesprochenen, dem was alle Tage im Menschen noch betet (das war eben alltäglich!) Heute ist tatsächlich jeder! Einzelne! in die Kniee geknickt u. hat Angst, Reue, Gelöbnis, Güte, Mitleid gefühlt – Not bis zum Kinn. Und deshalb – zwar kein Verein – aber man kann einige Menschen wissen lassen, dass sie auf einen bauen können!" Ich wollte Ihnen diese Zeilen hieherschreiben: Sie zeigen, dass die Herzen sich zu suchen anfangen und dass über den Abgrund der Fronten die Fäden sich wirken, die die freien Staaten des neuen Europa in werktätiger Liebe verbinden sollen. Das aber ist das Wesentliche: das Gefühl der Menschenliebe, getragen von positiver politischer Intelligenz u. Reorganisationsdrang! Ich freue mich Sie in vierzehn Tagen (gemäß Ihren Weisun-

gen!) sprechen zu können, um ungehinderter Pläne die zu entwickeln, die mir lieb sind. Was meinen ersten Brief betrifft, so gehört derselbe Ihnen: betrachten Sie denselben als für Ihre Leser hinreichend interessant, von meiner u. meiner Freunde Seite erhalten Sie die Veröffentlichungserlaubnis recht gerne.

Mit Gruss

Gust van Werveke

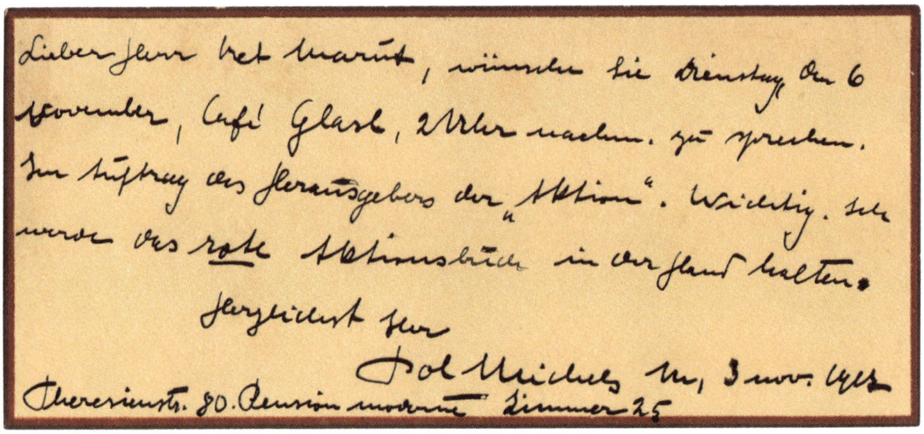
Lieber Herr Ret Marut, wünsche Sie Dienstag den 6 November, Café Glasl, 2 Uhr nachm. zu sprechen. Im Auftrag des Herausgebers der „Aktion". Wichtig. Ich werde das rote Aktionsbuch in der Hand halten.
Herzlichst Ihr
Pol Michels Lux, 3 nov. 1917
Theresienstr. 80. Pension moderne Zimmer 25

43. | Pol Michels: Briefkarte an Ret Marut. Luxemburg. 3. November 1917.

4. BRIEFKARTE VON POL MICHELS AN RET MARUT VOM 3. NOVEMBER 1917

[Umschlag-Vorderseite:]
Herrn Ret Marut
München 23
Verlag „der Ziegelbrenner"

[Poststempel:]
München 4 XI 17. 11-12V. 2

[Umschlag Rückseite:]
Pol Michels Theresienstr. 80.
Pension moderne Z. 25

44. Franz Pfemfert (Hrsg.): Das Aktionsbuch. Verlag der Wochenschrift Die Aktion. Berlin-Wilmersdorf 1917.

Lieber Herr Ret Marut, wünsche Sie Dienstag, den 6 November, Café Glasl, 2 Uhr nachm. zu sprechen. Im Auftrag des Herausgebers der „Aktion“. Wichtig. Ich werde das rote Aktionsbuch in der Hand halten.
Herzlichst Ihr
Pol Michels M[ünchen], 3 nov. 1917
Theresienstr. 80. Pension moderne Zimmer 25

4a. [Notiz ohne Datum, 3.11.1917?]

Werde meinen Freund [Pol Michels] begleiten!
Gust van Werveke

5. BRIEF VON GUST. VAN WERVEKE UND POL MICHELS AN RET MARUT VOM 14. NOVEMBER 1917

[Umschlag-Vorderseite:]
Herrn
Ret Marut
Herausgeber des „Ziegelbrenner“
München 23.
Clemensstrasse 84

[Poststempel:]
München 14.11.17.[Rest unleserlich]

[Umschlag-Rückseite unbeschrieben]

München, den 14 Nov. 1917
Werter Herr Marut!
Durch die neuesten Ereignisse in Russland, – der Sieg der Maximalisten ist auch unser Sieg, – ergibt sich für uns die Pflicht unsererseits – alles zu tun, was in unsern Kräften steht, um im gleichen Sinne zu wirken, oder wenigstens die Wirkung des russischen Menschheitserfolges nicht zu zerstören. Den Aufruf der U[nabhängigen] S[ozialisten] werden Sie gelesen haben: Jeder hat heute die Pflicht, den Krieg nicht verlängern zu helfen! Daher, u. im Namen unserer werdenden Vereinigung, bitten wir Sie, falls Sie es nicht schon selbst beschlossen haben, die geplante Anzeige zur Goldablieferung in Ihrem Blatt zu unterlassen; das wird Ihnen umso weniger schwer fallen, als Sie ja kein unmittelbares Interesse an dieser Propaganda haben.
Beste Grüsse
Gust van Werveke
Pol Michels

6. BRIEF VON POL MICHELS AN RET MARUT VOM 19. NOVEMBER 1917

[Umschlag-Vorderseite:]
Herrn
Ret Marut
Hier
Clemensstr. 84
München 23

[Poststempel:]
München 19.XI.17. 8-9V. 2

[Umschlag-Rückseite:]
Abs. P. Michels München
Theresienstr. 80. Pension moderne Z. 25

Lieber Herr Ret Marut,
Habe also, wie Sie wünschten, eine „Fackel“ u. Nr. 4 der „Voix[“] an Sie gesandt. Meine „Fackeln“ von August 1914-August (excl.) 1916 sind in L'bourg. An eine Ubersetzung von Le Feu ist kaum zu denken, da dieses Dokument der Menschlichkeit in deutscher Ubersetzung bei Orell Füssli erschienen ist. Oder in Bälde erscheinen soll.
Herzlichst
Ganz Ihr
P. M.
M[ünchen] 19. 11. 17.

7. BRIEF VON POL MICHELS AN RET MARUT VOM 8. JANUAR 1918

[Umschlag fehlt]

M[ünchen], 8. 1. 18.
Lieber Herr Ret Marut, muss leider wegfahren, ohne dass ich Sie noch sprach. Habe Passierschein früher, allzu früh erhalten. Als ich dachte. Von L'bourg schreib ich Ihnen Längeres. Senden Sie die „Fackel“ an meinen Freund Franz Heldenstein,[153] stud. der bildenden Künste, Schellingstr. 24^{IV} München. Natürlich bin ich u. Paul Weber[154] (Beaumontstr. L'bourg) Abonnenten des tapfern Ziegelbrenners. Unsern Obolus erhält der Verlag demnächst.
Stets u. ganz
Ihr Mitkämpfer
PolM.

NR. 472/473
NOVEMBER 1917
XIX. JAHR
DIE FACKEL
HERAUSGEBER
KARL KRAUS
INHALT:
Epigramme und andere Gedichte
NACHDRUCK VERBOTEN
Preis dieses Heftes:
60 Heller = 50 Pfennig
VERLAG: ‚DIE FACKEL', WIEN
III/2, HINTERE ZOLLAMTSSTRASSE 3 TELEPHON NR. 187
ERSCHEINT MINDESTENS VIERMAL IM JAHRE.

45. | Karl Kraus: Die Fackel. 19. Jahr. Heft 472/473. November 1917. Wien 1917. Vorderseite.

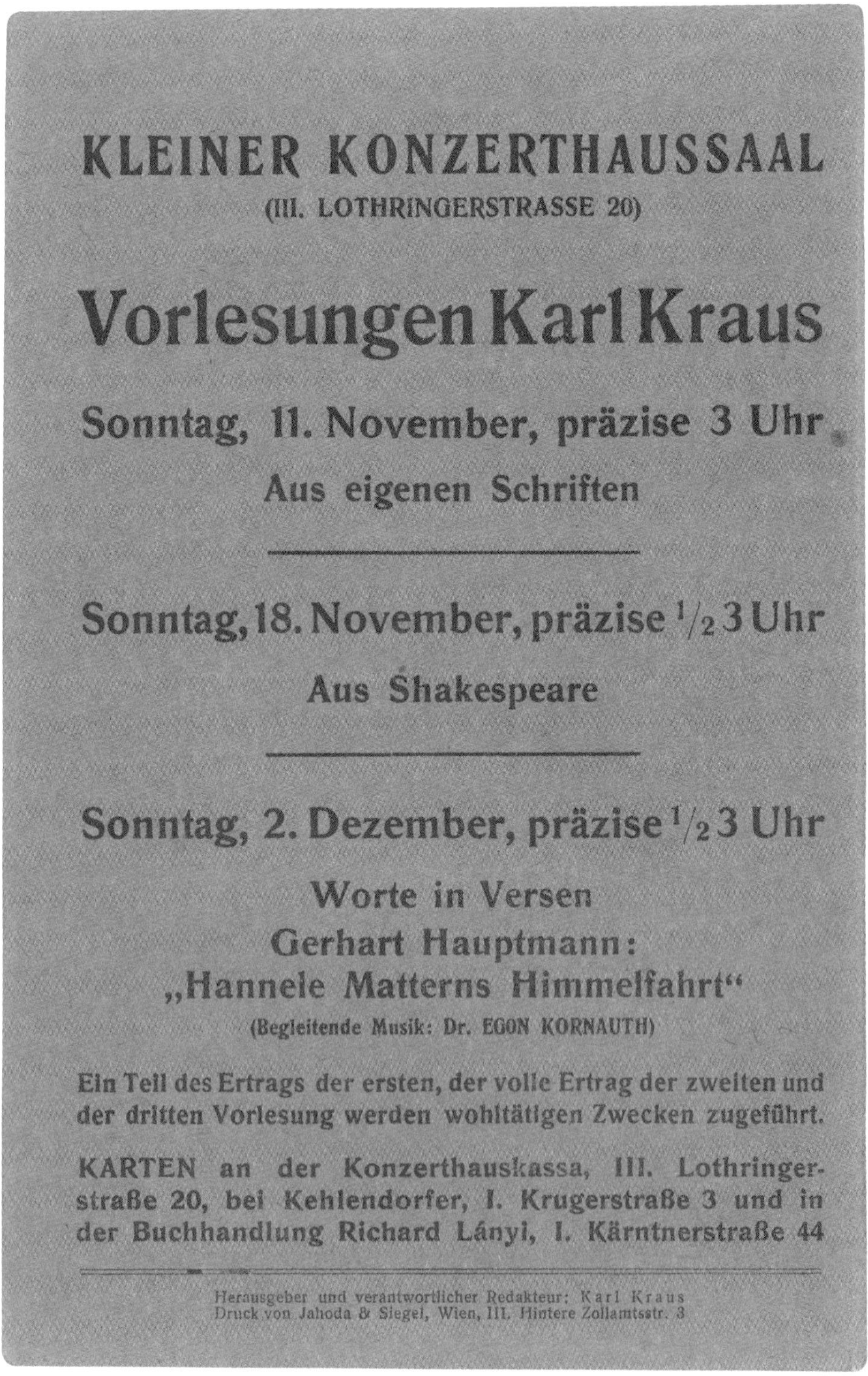
KLEINER KONZERTHAUSSAAL
(III. LOTHRINGERSTRASSE 20)

Vorlesungen Karl Kraus

Sonntag, 11. November, präzise 3 Uhr
Aus eigenen Schriften

Sonntag, 18. November, präzise 1/2 3 Uhr
Aus Shakespeare

Sonntag, 2. Dezember, präzise 1/2 3 Uhr
Worte in Versen
Gerhart Hauptmann:
„Hannele Matterns Himmelfahrt"
(Begleitende Musik: Dr. EGON KORNAUTH)

Ein Teil des Ertrags der ersten, der volle Ertrag der zweiten und der dritten Vorlesung werden wohltätigen Zwecken zugeführt.

KARTEN an der Konzerthauskassa, III. Lothringerstraße 20, bei Kehlendorfer, I. Krugerstraße 3 und in der Buchhandlung Richard Lányi, I. Kärntnerstraße 44

Herausgeber und verantwortlicher Redakteur: Karl Kraus
Druck von Jahoda & Siegel, Wien, III. Hintere Zollamtsstr. 3

| Karl Kraus: Die Fackel. 19. Jahr. Heft 472/473. November 1917. Wien 1917. Rückseite.

Numéro 4 — Novembre 1917

La Voix des Jeunes

Le journal paraîtra le 1er samedi de chaque mois et sera adressé gratuitement aux membres de l'A. G. E. L. Les non-sociétaires s'abonnent à la poste au prix de 5 fr. l'an.

Journal de l'Association Générale des Étudiants Luxembourgeois.

Prix du numéro : 30 centimes.

PUBLICITÉ : 1/8 page, 12.50 fr., 1/4 page, 20 fr., 1/2 page, 40 fr. Pour tout renseignement s'adresser au Bureau de Rédaction à Luxembourg, Place Guillaume.

SOMMAIRE.

Leurs têtes.

L'ami du peuple : J.-P. PROBST.

Ecce poeta : Paul PALGEN.

46. | AGEL: La Voix des Jeunes. Nr. 4. November 1917. Luxemburg 1917.

47. Félix Glatz: Paul Weber.
Zeichnung. Luxemburg 1933.

8. POSTKARTE VON POL MICHELS AN RET MARUT VOM 7. MÄRZ 1918

[Vorderseite:]
Herrn Ret Marut
Verlag der Ziegelbrenner
München 23
[Abs.]: Pol Michels Luxembourg
Freiheitsstr. 7

[Poststempel:]
Luxembourg Gare 7.3.18. 7-8 S

[Militärstempel:]
Überwachungsstelle des VIII. Armeekorps Trier
Freigegeben

[Rückseite:]
Lieber Kamerad,
hat das 3te Heft des Z[iegelbrenner] die Ausfuhrbewilligung? Wenn ja, so senden Sie mir per Nachnahme 3 Exemplare. Wenn nicht, hinterlegen Sie sie mir bitte! Komme Anfang April nach M[ünchen]. Die Voix wird Ihnen zugesandt werden
Herzlichst
Ihr P. M.
L'bourg, 7. 3. 18.

48. | Pol Michels: Postkarte an Ret Marut. Luxemburg. 14. März 1918.1918.

9. POSTKARTE VON POL MICHELS AN RET MARUT VOM 14. MÄRZ 1918

[Vorderseite:]
Herrn Ret Marut
p. a. Verlag der Ziegelbrenner
München 23
[Abs.]: Pol Michels L'bourg
Freiheitsstr. 7

[Poststempel:]
Luxembourg Ville 14.3.18. 11-12M

[Militärstempel:]
Überwachungsstelle des VIII. Armeekorps Trier
Freigegeben

[Rückseite:]
Lieber Kamerad R. M.,
Unser Buchhändler füllt Abonnements aus: so können Sie mir die Hefte (5 wenn möglich) aufbewahren. Bis zu meiner Ankunft in M[ünchen] am 16. 4. 18.
Ersticken Sie noch immer nicht?
Herzlichst grüsst Sie in katastrophaler Zeit
PolM
L. 14. 3. 18.

10. BRIEF VON POL MICHELS AN RET MARUT VOM 23. MÄRZ 1918

[Umschlag fehlt]

Lieber Ret Marut,
Ihr mutiges, vielsagendes Schweigen im 3ten Ziegelbrenner hat hier Aufsehen erregt. Ich bewundere aufrichtig Ihre Haltung, Sie kämpfen mit kindlichem Zorn, mit heiligem Eifer, ganz Blut, voll Schwung. Sie haben die Grösse, den Fanatismus, die Intoleranz des Fackelkraus erreicht, stellenweise überboten.
Nur begreife ich nicht: dass Sie dem Publikum die Lektüre Kellermanns empfehlen. Sie wissen doch, jeder talentierte Bursche schreibt gute Romane. Dieser nun ist auch noch Kriegsberichterstatter am Berliner Tageblatt!
Dann: Das nächste Heft soll erst Juli erscheinen. Wo doch der Blutlauf steigt, das Grausame immer entsetzlichere Dimensionen annimmt. Lesen Sie doch die Zeitungen! Gerade jetzt, ich beschwöre Sie bei Satan, Scherl und B[erliner] T[ageblatt] muss der Geist wenigstens alle 14 Tage bejaht werden.
Auf Wiedersehen (in grösster Eile!)
PolM
L'bourg, 23. 3. 18
Vergessen Sie den Roten Hahn nicht!![155]

11. BRIEF VON GUST. VAN WERVEKE AN RET MARUT VOM 25. MÄRZ 1918

[Vorderseite:]
Herrn
Ret Marut
Herausgeber des „Ziegelbrenner"
München 23
Clemensstrasse
Bayern

[Poststempel:]
Luxembourg Ville 25.3.18. 5-6 S

[Militärstempel:]
Überwachungsstelle des VIII. Armeekorps Trier
Freigegeben

[Rückseite:]
Abs: Gust van Werveke
Luxemburg - Limpertsberg

Aus meinem Organ, dem radikal-demokratischen „Escher Tageblatt", Nr. vom 24 März, der Dank für die Zusendung des dritten „Ziegelbrenners". Ich kann Ihnen das Blatt selbst nicht schicken, da es Sie möglicherweise doch nicht erreichen würde:
„Materielle Neutralität kann für die Menschheit in diesem Stadium bedeutungslos sein; geistige schlägt Brücken zwischen den Nationen.
Wir haben vor einiger Zeit auf Pfemferts Veröffentlichungen hingewiesen, weil sie uns inmitten des Mordens als Dokumente der Menschlichkeit ansprachen; wir möchten heute unsre damaligen Ausführungen ergänzen u. ein paar Worte von einer kleinen Zeitschrift sagen, deren drittes Heft soeben erschienen ist.
Sie heisst „Der Ziegelbrenner", erscheint in München u. gibt sich als „Kritik an Zuständen u. an widerwärtigen Zeitgenossen". Ihr Herausgeber zeichnet als Ret Marut u. ist ein von dem Grauen des Krieges erschütterter Internationalist.
Zu einem Neuaufbau der Welt brennt er seine Ziegeln [sic]. Sie sind gut u. haltbar. In der Glut seines Herzens hat er sie gefertigt. Mit einem grossen Mitleid, das keine Mühe scheut, trägt er sie zusammen, um seinen Nächsten ein wohnliches Haus zu bauen.
Er kämpft gegen den Journalismus der Ullstein u. Scherl; er schreit auf gegen das Kapital u. gegen die ganze Weltanschauung, die den Krieg möglich gemacht hat. Das Leben

soll so werden, daß es für einen jeden eine Lust ist, dasselbe zu geniessen. Es soll nicht, wie es das Christentum will, auf ein legendäres Jenseits eingestellt werden, sondern im Hinblick darauf, daß es Pflicht der Lebenden ist, für die Lebenden zu wirken.

In selbständig schöpferischen Arbeiten, in kurzen Glossen zu den Ereignissen des Tages verwirft er Hass u. Verhetzung. In Bemerkungen zu dem, was in den gegnerischen Ländern geschieht, lehrt er seine Landsleute diejenigen achten, die sie als Feind betrachten. Sein starkes soziales Empfinden lässt ihn in Heft 3 vor allem für die Frauen u. Kinder eintreten. Heft 1 u. 2 die heute, trotz einer zweiten Auflage, soweit vergriffen sind, waren desgleichen Dokumente einer im Dienste der Weltfriedensidee stehenden menschlichen Gesinnung.

Wir wollen keine Kritik schreiben; wir können es uns daher auch ersparen, auf die einzelnen Beiträge einzugehen. Nur aufmerksam machen wollten wir unsre Leser, weil wir zwischen den Nationen stehend, es für unsere Pflicht halten, alle Stimmen der Verständigung zu verzeichnen.

Der Bezugspreis für die zwanglos erscheinende Zeitschrift beträgt 4,50 Mark für 10 Hefte. Die Geschäftsstelle des Verlags befindet sich München, 23 Clemensstr."

Indem ich Sie um Bestätigung dieser Zeilen bitte

Gruß u. Auf Wiedersehen

Gust van Werveke

stud. iur. et phil.

Luxemburg – Limpertsberg

25. März 1918.

[Beantwortungsvermerk von Ret Marut]: R[esp.] 4.4.18

JOSEF KORNSCHLAG [KARL SCHNOG]: B. TRAVEN, DER DICHTER IM URWALD, GEGEN DEN URWALD. IN: ESCHER TAGEBLATT, 22.08.1936.

Die heutigen Romanciers, auch die seriösesten, haben immer eine leichte Wolke von Betriebsamkeit um sich. Sei es, daß man ihr Bild von Zeit zu Zeit in illustrierten Blättern sieht, sei es, daß sie Interviews über ihre abgeschlossenen oder Künftigen Arbeiten geben. Oder sie reisen und sprechen über ihre Werke. – Selten versteht sich einer zur absoluten Anonymität der Person, die hinter dem Geschaffenen ganz und gar zurücktritt. Der junge Hamsun Kannte sie einmal. Auch Jack London in seinen Anfängen.

Aber seit Zehn Jahren schreibt einer packende Bücher, deren Gehalt seltsamerweise genau zwischen Hamsuns Stil und Jack Londons Erlebnis- und Gestaltungskraft steht. (Wenn man ihn überhaupt vergleichen und einreihen will.) Es ist der Mann: B. Traven. Traven, von dem Kein Bild existiert; Traven, dessen Adresse niemandem bekannt ist. Bis vor wenigen Jahren war er den Verlegern erreichbar, wenn sie nach Mexico-City schrieben. Heute weiß niemand, in welchen Urwald er sich verkrochen hat.

Es gibt keine Biographie des Schöpfers der starken Bücher: “Die Baumwollpflücker" u. “Das Totenschiff". Kein Europäer hat den Verfasser der “Weißen Rose" und des “Karren" im letzten Jahrzehnt persönlich zu Gesicht bekommen. – Warum wohl? Sollte es eine andere Form der Originalitätssucht sein, ein Trick, sich rar zu machen und ein persönliches Geheimnis zu hüllen? Nein, durchaus im Gegenteil: Traven verschmäht allen Persönlichkeitskult in vollem Ernst und aus Prinzip. Er schrieb einem Freund seiner Bücher darüber:

“Ich fühle mich nicht als Person, die im breiten Licht stehen will. Ich fühle mich als Arbeiter innerhalb der Menschheit, namenlos und ruhmlos wie jeder Arbeiter, der seinen Teil dazu beiträgt, die Menschheit einen Schritt weiter zu bringen. Ich fühle mich ein Körnchen im Sande, aus dem die Erde besteht. Meine Werke sind wichtig, meine Person ist unwichtig, genau so unwichtig, wie die Person des Schuhmachers unwichtig ist, der es als seine Pflicht ansieht, gute und passende Schuhe für die Menschen anzufertigen."

Wenn wir nun des Dichters gewollt realen Vergleich benutzen, so müssen wir doch sagen, daß es ganz ausgezeichnete und vorzüglich passende Schuhe sind, die er uns liefert, um durch diesen Sumpf “Europa" waten zu Können. – Keine überflüssigen Verzierungen. Keine Modefarben. Beste Maßarbeit, kerniges Leder.

Wer wird den Seemann aus dem “Totenschiff" vergessen, der wegen fehlender Papiere durch die Welt gehetzt wird, allen Ausbeutern ein Fraß, jeder Bedrohung und Erniedrigung ausgesetzt. Bis ihn die Katastrophe als Erlösung ereilt. Gibt es eine grausigere Aktualität als diesen Matrosen? Tausende haben die faschistischen Staaten im letzten Dezennium zum Umhertreiben auf “Totenschiffen" verurteilt.

Das Buch von den “Baumwollpflückern" ist inzwischen Zum Volksepos geworden, wie das ihm vorgestellte Lied (aus des unvergleichlichen Ernst Busch Munde) zum Arbeiterlied in der ganzen Welt.

Dieser europamüde Mann Traven, der den verfaulenden Kontinent floh, noch ehe er vom Aussatz des Faschismus ganz befallen war, der im Urwald nach Menschlichkeit grub, hat immer einfache Menschen geschildert und einfache Wahrheiten ausgesprochen. Aber nicht als Propagandist, sondern als Dichter.

Jene Geschichte von der Ranch "Weiße Rose", die, um der Ölgewinnung willen, mit ihren Bewohnern zermalmt wird, ist ganz schlicht ohne Pathos und Aufschrei, aber in der grausigen Gesetzmäßigkeit der kapitalistischen Zerstörung um so anklagender.

Sein "Schatz in der Sierra Madre" zeigt anschaulicher als jeder Abenteurerroman und aufschlußreicher als mancher nationalökonomische Wälzer, wie der goldgrabende Arbeiter immer ein Proletarier bleibt und selbst unter Mühe und Gefahren erworbene Schätze lächerlich zerrinnen müssen, wenn größere, organisierte "Schatzgräber" sie ihnen abjagen.

Endlich sein letztes (aber schon vor mehr als einem Jahr erschienenes) Buch "Der Karren" beschreibt nichts anderes als das mühselige u. dennoch vielgestaltige und schöne Leben der Peone, der indianischen Wagenführer in den gefahrenreichen Cordilleren. Wie ein breit hinströmendes Lied liest sich das Buch. Aber auch in ihm werden die sozialen Zusammenhänge aufgezeigt. Wie Traven in erster Linie der Dichter des Proletariats ist und sein will.

Deutlicher noch als seine wirkungsstarken Romane hat Traven dies vor Jahren in seinem "Totenschiff" ausgedrückt. Doch könnten die Zeilen jetzt geschrieben sein. Jedenfalls gelten
sie heute mehr denn je:

"Es soll sich kein Arbeiter über seine Vorgesetzten beschweren, er hat immer die, die er verdient und die er sich macht. Ein gutgezielter und gutsitzender Hieb zur rechten Zeit ist besser als ein langer Streik oder ein langes Herumärgern. Ob man die Arbeiter als Rohlinge bezeichnet, kann ihnen gleichgültig sein. Respektieren soll man sie, das ist die Hauptsache. Nur nicht schüchtern sein,
Prolet."

Einem Zeitschilderer, der die Dinge so ungeschminkt sah und sagte, blieb natürlich nichts anderes übrig, als sich in den Urwald zurückzuziehen. Dort hat er (wir sehen es aus einem Buche wie "Der Karren") Ruhe und Schönheit gefunden. Zu uns aber ist der Urwald gekommen.

So ist sein prophetisches Wort zu verstehen, das er schon 1929 sprach: "Ich zähle mich nicht zu den Europäern. Die Europäer haben mir das abgewöhnt."

Dennoch ist er kein düsterer Pessimist, sondern sein Ziel, das schöne Ziel eines echten Arbeiterdichters, hat er einmal so umrissen:

"Die Arbeiter sollen keine Autoritäten verehren, weder Könige noch Generäle noch Präsidenten noch Künstler noch Ozeanflieger. Jeder Mensch hat die Pflicht, der Menschheit nach seinen besten Kräften und Fähigkeiten Zu dienen, ihnen das Leben zu erleichtern, ihnen Freude zu bringen und ihre Gedanken auf große Ziele zu richten!

Ich erfülle meine Pflicht gegenüber der Menschheit, wie ich es immer getan habe, als Arbeiter, als Seemann, als Forschungsreisender, als Hauslehrer in weltentlegenen Farmen und jetzt als Schreiber."

Von Traven existiert kein Bild, aber ich glaube, er hat ein Gesicht.

Josef Kornschlag

49. Prospekt des Universitas Verlags.
Berlin. O. D. S. 1.

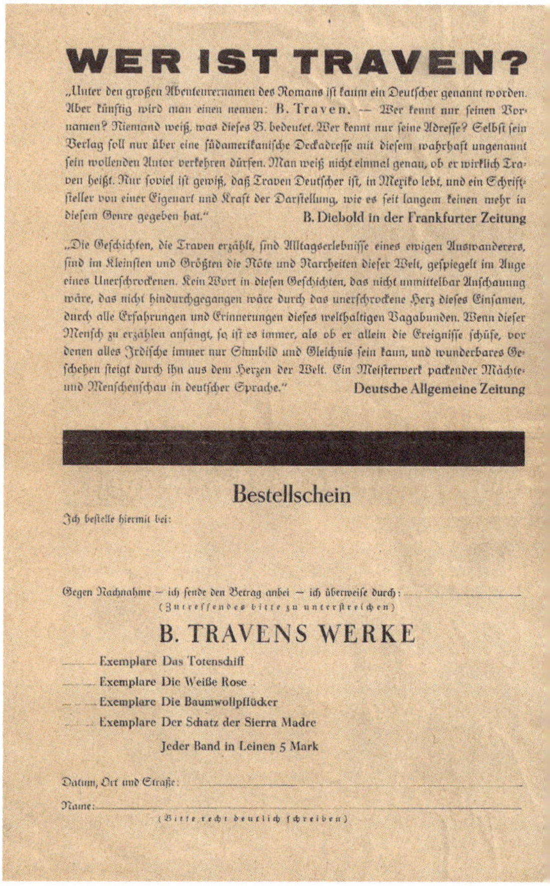

WER IST TRAVEN?

„Unter den großen Abenteurernamen des Romans ist kaum ein Deutscher genannt worden. Aber künftig wird man einen nennen: B. Traven. — Wer kennt nur seinen Vornamen? Niemand weiß, was dieses B. bedeutet. Wer kennt nur seine Adresse? Selbst sein Verlag soll nur über eine südamerikanische Deckadresse mit diesem wahrhaft ungenannt sein wollenden Autor verkehren dürfen. Man weiß nicht einmal genau, ob er wirklich Traven heißt. Nur soviel ist gewiß, daß Traven Deutscher ist, in Mexiko lebt, und ein Schriftsteller von einer Eigenart und Kraft der Darstellung, wie es seit langem keinen mehr in diesem Genre gegeben hat."

B. Diebold in der Frankfurter Zeitung

„Die Geschichten, die Traven erzählt, sind Alltagserlebnisse eines ewigen Auswanderers, sind im Kleinsten und Größten die Nöte und Narrheiten dieser Welt, gespiegelt im Auge eines Unerschrockenen. Kein Wort in diesen Geschichten, das nicht unmittelbar Anschauung wäre, das nicht hindurchgegangen wäre durch das unerschrockene Herz dieses Einsamen, durch alle Erfahrungen und Erinnerungen dieses welthaltigen Vagabunden. Wenn dieser Mensch zu erzählen anfängt, so ist es immer, als ob er allein die Ereignisse schüfe, vor denen alles Irdische immer nur Sinnbild und Gleichnis sein kann, und wunderbares Geschehen steigt durch ihn aus dem Herzen der Welt. Ein Meisterwerk packender Mächte- und Menschenschau in deutscher Sprache."

Deutsche Allgemeine Zeitung

Bestellschein

Ich bestelle hiermit bei:

Gegen Nachnahme — ich sende den Betrag anbei — ich überweise durch: ....
(Zutreffendes bitte zu unterstreichen)

B. TRAVENS WERKE

...... Exemplare Das Totenschiff
...... Exemplare Die Weiße Rose
...... Exemplare Die Baumwollpflücker
...... Exemplare Der Schatz der Sierra Madre

Jeder Band in Leinen 5 Mark

Datum, Ort und Straße: ....
Name: ....
(Bitte recht deutlich schreiben)

Prospekt des Universitas Verlags.
Berlin. O. D. S. 4.

TRAVEN

Das Totenschiff

Roman

Die Geschichte eines amerikanischen Seemanns

In Leinen gebunden 5 Mark

Walter von Molo: „Selten ist ein Einzelleben derart im Zusammenhang mit allen die ganze Menschheit bewegenden Kräften so selbstverständlich gekonnt dargestellt worden. Eine Anklage ätzender Ironie, grundgescheit und unwiderlegbar, gegen das Heute — das wäre viel, aber das Buch ist mehr: es ist ein Heldensang der Pflichterfüllung vieler vernichteter Existenzen, die uns so den Wahnwitz der gegenwärtigen Erd-Ordnung erweisen und damit aus ihren unbekannten Gräbern heraus Veränderung erzwingen werden. Das Buch für die Jugend, die denken und Besseres will."

Heinrich Hauser: „Das Totenschiff ist das erste wahre Seemannsbuch, das mir je unter die Augen gekommen ist."

Friedrich Wolf: „Dies Totenschiff wird durch unsere parfümierte Edelliteratur sausen wie ein Schwerthai. Man wird merken: hier ist etwas gänzlich anderes, es geht hier um eine nackte Wahrheit, um Tod und Leben; das packt immer."

UNIVERSITAS • BERLIN W 50

TRAVEN

Die Weiße Rose

Roman

Der Roman der Petroleum-Industrie

In Leinen gebunden 5 Mark

Frank Thieß: „Eine Spitzenleistung der realistischen Literatur, dabei zum Glück ganz unliterarisch, vielmehr so unmittelbar vom Leben durchtränkt, daß man gar nicht daran denkt, zu vergleichen oder zu analysieren, sondern das Schönste tut, was ein Leser tun kann: man fragt nicht, man widersteht nicht, man untersucht nicht, sondern gibt sich lächelnd und weinend hin."

Bremer Volkszeitung: „Dieser Roman von Traven zeichnet sich dadurch aus, daß er nicht davor zurückschreckt, große soziale Probleme anzupacken. Wenn man ihn zu Ende gelesen hat, dann weiß man, wie der Moloch Kapitalismus aussieht."

TRAVEN

Die Baumwollpflücker

ROMAN

Ein Abenteurer-Roman aus Mexiko

In Leinen gebunden 5 Mark

Berliner Tageblatt: „Es ist nicht daran zu zweifeln, daß Traven die Geschichten seiner Baumwollpflücker, Viehtreiber und Kellner selbst erlebt hat. Erst als er Jahre der unglaublichsten Abenteuer hinter sich hatte, schrieb er seine ersten Bücher, Romane, die zu den spannendsten und farbigsten Geschichten der Weltliteratur gehören — und zu den aufrichtigsten. Es geht dem Autor in erster Linie um Wahrheit, Ehrlichkeit und Menschlichkeit."

Kölnische Volkszeitung: „Tief soziales Empfinden, stark lyrische Sehnsucht und eine prachtvolle Ironie durchstrahlen das lebendige äußere Geschehen und prägen das Einzelschicksal zur Allgemeingültigkeit um."

Manfred Georg: „Er ist einer der tollsten Kerle, die gegenwärtig in deutscher Sprache schreiben. Es gibt ein paar Autoren, auf deren Bücher man zu warten pflegt. B. Traven gehört dazu."

UNIVERSITAS • BERLIN W 50

TRAVEN

Der Schatz der Sierra Madre

ROMAN

Ein Goldgräber-Roman aus Mexiko

In Leinen gebunden 5 Mark

Kurt Tucholsky: „Hier graben sie nach Gold und schlagen sich deshalb tot, das Gold verschwindet, niemand hat es mehr; es ist aus der Erde gekommen, hat Menschenleben vernichtet und ist wieder zur Erde zurückgekehrt ... Das Zusammenleben dreier Goldgräber, maulfaul und streitsüchtig, wird gezeigt ... und die Schilderung eines Mordes ist darin, die an das beste Vorbild der angelsächsischen Literatur erinnert. Traven hat etwas von dem seltensten und schönsten Humor, den es für meinen Geschmack gibt: vom Spott über sich selbst. Das ist Kunst, weil sie gewachsen ist und destilliert durch die Persönlichkeit eines großen Erzählers."

Prospekt des Universitas Verlags.
Berlin. O. D. S. 2.

Prospekt des Universitas Verlags.
Berlin. O. D. S. 3.

P[OL] M[ICHELS]: WER IST B. TRAVEN? IN: ESCHER TAGEBLATT, 09.09.1950

Vielleicht müßte man auch schreiben: wer war B. Traven? Denn ich weiß nicht, ob dieser Schriftsteller, der das Meer u. das Abenteuer so gut kennt und zu schildern weiß wie Joseph Conrad, der das Glück, die Unendlichkeit und die Geheimnisse der tropischen Fernen so erfahren hat wie Jack London und der in seinem Werk ein sozialer Ankläger von solcher Wucht wie Uptan Sinclair ist, noch lebt oder nicht.

Die obigen Sätze bedeuten keinen Vergleich, sondern sollen nur die Spannung des Lesers auf diesen Namen: B. Traven erhöhen.

Nun sind Sie genau so klug wie zuvor. Aber wenn Sie erfahren wollen, wer B. Traven ist, so kann ich, was seine Person angeht, kaum mit Aufklärung dienen. Was ich von ihm weiß über ihn, ist daß er lange Zeit in Mexiko City lebte. Er muß ein deutscher Revolutionär der Jahre 1919 und 1920 sein, dem das Versagen des Aufruhrs und der Hoffnungen von 1918 gewaltig ins Blut gegangen ist. Auch Europa dürfte ihm zum Kotzen gewesen sein. Darauf läßt sein Ausspruch schließen:

"Ich zähle mich nicht zu den Europäern. Die Europäer haben mir das abgewöhnt."

Weiter weiß ich nichts. Wahrscheinlich heißt er gar nicht B. Traven. Er hat irgendwo, mal in dieser, mal in jener mittelamerikanischen Stadt, ein Postfach, wenn er noch lebt. Dieses Postfach ist dann seine Verbindung mit der Vergangenheit.

Hier ist übrigens einzuschalten, daß seine Anonymität seiner Weltanschauung entspringt. Erich Knauf, der das Verdienst hatte, Travens Bücher in der Büchergilde Gutenberg herausgebracht zu haben, benennt sie, sicherlich ganz richtig, als zugehörig dem "Bestreben, die Menschen, insbesondere die Arbeiter, von dem Autoritätsglauben zu erlösen".[156]

Und so schreibt auch Traven bei entsprechender Gelegenheit: "Die Arbeiter sollen keine Autoritäten verehren, weder Könige noch Generäle noch Präsidenten, noch Künstler, noch Ozeanflieger. Jeder Mensch hat die Pflicht, der Menschheit nach seinen Kräften und Fähigkeiten zu dienen, ihr das Leben zu erleichtern, ihr Freude zu bringen und ihre Gedanken auf große Ziele zu richten. Ich erfülle meine Pflicht gegenüber der Menschheit, wie ich es immer getan habe, als Arbeiter, als Seemann, als Forschungsreisender, als Hauslehrer in weltentlegenen Farmen und jetzt als Schreiber. Ich fühle mich nicht als eine Person, die im breiten Licht stehen will. Ich fühle mich als Arbeiter innerhalb der Menschheit, namenlos und ruhmlos wie jeder Arbeiter, der seinen Teil dazu beiträgt, die Menschheit einen Schritt weiter zu bringen. Ich fühle mich ein Körnchen im Sande, aus dem die Erde besteht. Meine Werke sind wichtig, meine Person ist unwichtig, genau so unwichtig wie die Person des Schuhmachers unwichtig ist, der es als seine Pflicht ansieht, gute und passende Schuhe für die Menschen anzufertigen.

"Wir, ich spreche hier von den Amerikanern, sind von der Presse so gejagt und gehetzt, daß es eine Tragödie wird für den Menschen, der von ihr getroffen wird. Unsere großen Autoren leben versteckt wie die Einsiedler, um der schamlosen Presse zu entgehen. Upton Sinclair ist der Beneidenswerteste von allen; er hat es durch seine Werke erreicht, daß er von der Presse völlig ignoriert wird. Sinclair Lewis lebt häufig unter anderen Namen in Deutschland. Unser größter Dramatiker ist ständig auf einer Weltreise, um der Öffentlichkeit zu entfliehen. Er hat einen Doppelgänger gefunden, den er gemietet hat und der an allen möglichen Orten auf der Erdkugel erscheinen muß, um, die Reporter und damit die Öffentlichkeit irrezuführen über seinen wahren Aufenthalt …

"Ich hoffe, daß es endlich begriffen wird, was ich meine: ich will mein Leben als gewöhnlicher Mensch, der unauffällig und schlicht zwischen den Menschen lebt, nicht aufgeben, und ich will zu meinem Teil dazu beitragen, daß Autoritäten u. Autoritätsverehrung verschwinden, daß jeder Mensch das Bewußtsein in sich stärkt, daß er genau so wichtig und unentbehrlich ist für die Menschheit wie jeder andere, ganz gleich, was er tut, und ganz gleich, was er getan hat…"

Sagen wir daher lieber etwas über den Schriftsteller und Künstler B. Traven aus. Es gibt ein paar Autoren, auf deren Bücher man zu warten pflegt. B. Traven gehört zu diesen. Wie Maler nach der Südsee, wie Dichter nach der Goldküste oder dem australischen Archipel flohen, um der Vergewaltigung durch eine immer naturfernere Zivilisation zu entgehen, so ist Traven zu den Indianern Mexikos entronnen. Er hat sich nicht mit den Studien der spanischen Klosterbibliotheken begnügt, sondern ist für Jahre hinaus in den Urwäldern verschwunden gewesen, hat unter den Lacandonen gelebt, einem Stamm, der sterbend sich tief in die Unzugänglichkeit der Dschungeln zurückgezogen hat.

Mexiko ist nicht nur das Land rätselhafter Kulturen. Es ragt mit seiner Gegenwart in das graue Getöse der kapitalistischen Maschinenwelt hinein. Denn es birgt die große Lockung des Öls. Der Amerikaner Josef Hergesheimer hat einen spannenden, unterhaltenden, blut- und geldverschwitzten Ölroman "Tampico" geschrieben, Sinclair das hundertmal bedeutendere Buch "Petroleum" - aber was bei Traven schärfer packt, das ist die ungeheure Wucht seiner dichterischen Kraft, mit der er über das schmerzhafte Tendenzerlebnis hinaus die Totalität des Zusammenstoßes von Mensch und Geschäft überall zu fassen und zu formen weiß.

Dabei ist Traven alles andere als der Mann, der ein sogenanntes dichterisches Wort einem plastisch-realen vorzieht. Das soziale Erlebnis des Erwachens des lateinamerikanischen Proletariats bringt ihn in seinen Werken zu einer Kraft des Ausdrucks, der in der ungekünstelten und intuitiven Unmittelbarkeit am besten vergleichbar ist jenen berühmten Fresken des großen mexikanischen Malers und Revolutionärs Diego Rivera.

Der “Europäer" Traven hat in Mexiko die Einfachheit und Natürlichkeit wiedergefunden, die das Kennzeichen des großen Tragikers sind.

Die Bücher Travens, die als Beleg hierfür anzuführen wären, sind die Romane "Die Baumwollpflücker", “Der Schatz der Sierra Madre", die fast klassischen Novellen "Der Busch" und angeblich auch der andere Roman "Die weiße Rose", den ich aber nicht gelesen habe. Ferner zwei große Werke: "Land des Frühlings" und "Kunst der Indianer". Und dann ist da noch ein Buch, "Das Totenschiff", ein Seemannsbuch, das auf eine Art mit der verlogenen Seemannsromantik aufräumt, daß buchstäblich nicht eine Phrase übrigbleibt. Für Traven ist die Romantik der Mannschaft immer nur gewesen "unmenschlich harte Behandlung und tierische Arbeit. Kapitän und Steuerleute erschienen in Opern, Romanen und Balladen. Das Hohelied des Helden, der die Arbeit tat, ist nie gesungen worden, weil es auch zu brutal gewesen wäre, um das Entzücken derer wachzurufen, die das Lied gesungen haben wollten." Im "Totenschiff" sind seine Noten und sein Text. Es ist das Lied vom Schiff, das versicherungsfällig ist, auf dessen letzte gefährliche Fahrt nur Matrosen gehen, die keine Papiere mehr haben, das, um als Wrack noch die Versicherungssumme einzubringen, auf die Riffe gehetzt wird, dieweil der Kapitän mit den Offizieren das Rettungsboot okkupiert. Der Held der Geschichte ist ein namenloser Seemann, der nur seine Fäuste und die einzige Erkenntnis seines Arbeiterlebens hat: "Es soll sich kein Arbeiter über seine Vorgesetzten beschweren, er hat immer die, die er verdient und die er sich macht. Ein gutgezielter und gutsitzender Hieb zur rechten Zeit ist besser als ein langer Streik oder ein langes Herumärgern. Ob man die Arbeiter als Rohlinge bezeichnet, kann ihnen gleichgültig sein. Respektieren soll man sie, das ist die Hauptsache. Nur nicht schüchtern sein, Prolet!"

Dieser Seemann fährt mit dem Totenschiff, bis es zu Bruch geht. Es ist die Hölle, und es ist eine grandiose Vision von Menschennot, vom Meer und vom Tod, die sich hier auftut. Und mehr noch als dies: neben Conrads "Taifun" ist "Das Totenschiff" das verwegenste u. vom Salzwind und Salzwasser durchtränkteste Epos von der großen See, das ich jemals gelesen.

P. M.

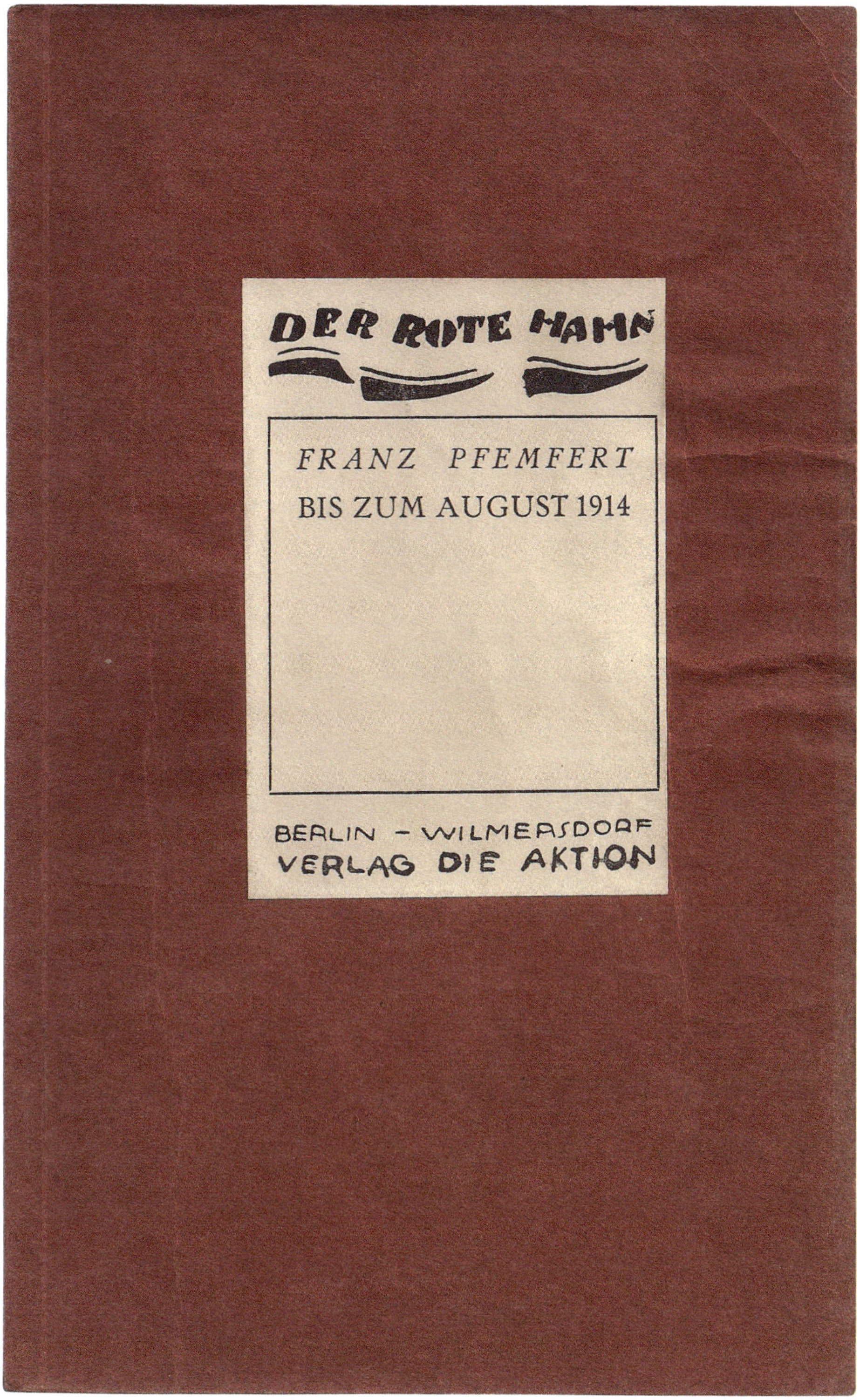

50. | Franz Pfemfert: Bis zum August 1914.

„ERINNERUNGSBERICHT" GUST. VAN WERVEKES AN ARMIN RICHTER VOM 05. 04. 1971[157]

Cénacle des Extrêmes, Luxembourg

Im Rahmen der frei-demokratischen "Association Générale des Etudiants Luxembourgeois" entstand ab 1915 eine Nachwuchsgruppe, "Cercle littéraire et scientifique", bestehend aus Schülern der mittleren Schulanstalten an der Schwelle des Abiturs. Diese Gruppe veranstaltete fortlaufend Konferenzen und Diskussionsabende über aktuelle Ereignisse des literarischen und wissenschaftlichen, besonders aber des politischen Lebens.

Ihre aktivsten Mitglieder schlossen sich Anfang 1917 zum "Cénacle des Extrêmes" zusammen, dessen Wortführer die Abiturienten Gust. van Werveke und Pol Michels waren. Um die gleiche Zeit gründete der allgemeine Studenten verband eine Monatsschrift unter dem Titel "Voix des Jeunes". Deren Spalten wurden dem "Cénacle des Extrêmes" weitgehend geöffnet, so daß dieser auf die Herausgabe einer eigenen Veröffentlichung verzichten konnte.

Die Wortführer des "Cénacle" waren von Anfang an um eine intensive Verbindung mit den pazifistischen Organisationen und Veröffentlichungen in Deutschland bemüht. Besonders eng gestaltete sich nach und nach ihre Zusammenarbeit mit Franz Pfemfert und seiner Zeitschrift "Die Aktion". Als Verbindungsmann und deutscher Korrespondent des "Cénacle" tat sich vor allem der deutsche Schriftsteller Karl Otten hervor, der damals in Trier wohnhaft war und 1917 im "Aktions"- Verlag die programmatisch-pazifistische Schrift "Thronerhebung des Herzens" veröffentlichte.

Auf dessen Veranlassung nahm auch Ret Marut mit dem "Cénacle" Kontakt. Die ersten Hefte seines "Ziegelbrenner" wurden in Luxemburg an die Mitglieder und Gesinnungsgenossen des "Cénacle" unentgeltlich verteilt. Eine weitergehende Werbung wurde dadurch verhindert, daß die deutsche Militärzensur in Trier die Auslieferung des "Ziegelbrenner" wie auch der "Aktion" nach Luxemburg unterband. Wegen der damaligen Verhältnisse mußten vorsichtshalber persönliche Verbindungen mit Ret Marut unterbleiben. Die mit ihm geführte Korrespondenz wurde mit meinen sämtlichen politischen Akten bei meiner Verhaftung und Deportierung durch die Gestapo Anfang Mai 1940 beschlagnahmt.

Zur Zeit der Münchener Räterepublik hatte ich mit Ret Marut keinerlei Kontakt mehr. Bei der November-Revolution wirkte ich vorübergehend offiziös als Sekretär von Kurt Eisner und nahm an seiner Seite als einziger Ausländer an der Proklamation der bayerischen Republik im Landtag teil. Meine beste Genossin aus dem "Cénacle", Alice Welter, Tochter eines luxemburgischen sozialistischen Parlamentariers, war für den damaligen Arbeiter- und Soldatenrat tätig; sie verstarb frühzeitig zu 20 Jahren in München in-

folge Überanstrengung und Entbehrung mangels auskömmlicher Verpflegung. Nach vorübergehender Beruhigung der Verhältnisse kehrte ich, grade wie mein Freund Pol Michels, von München nach Luxemburg noch vor der Räterepublik zurück, um mich dem Examen als cand. iur. zu stellen.

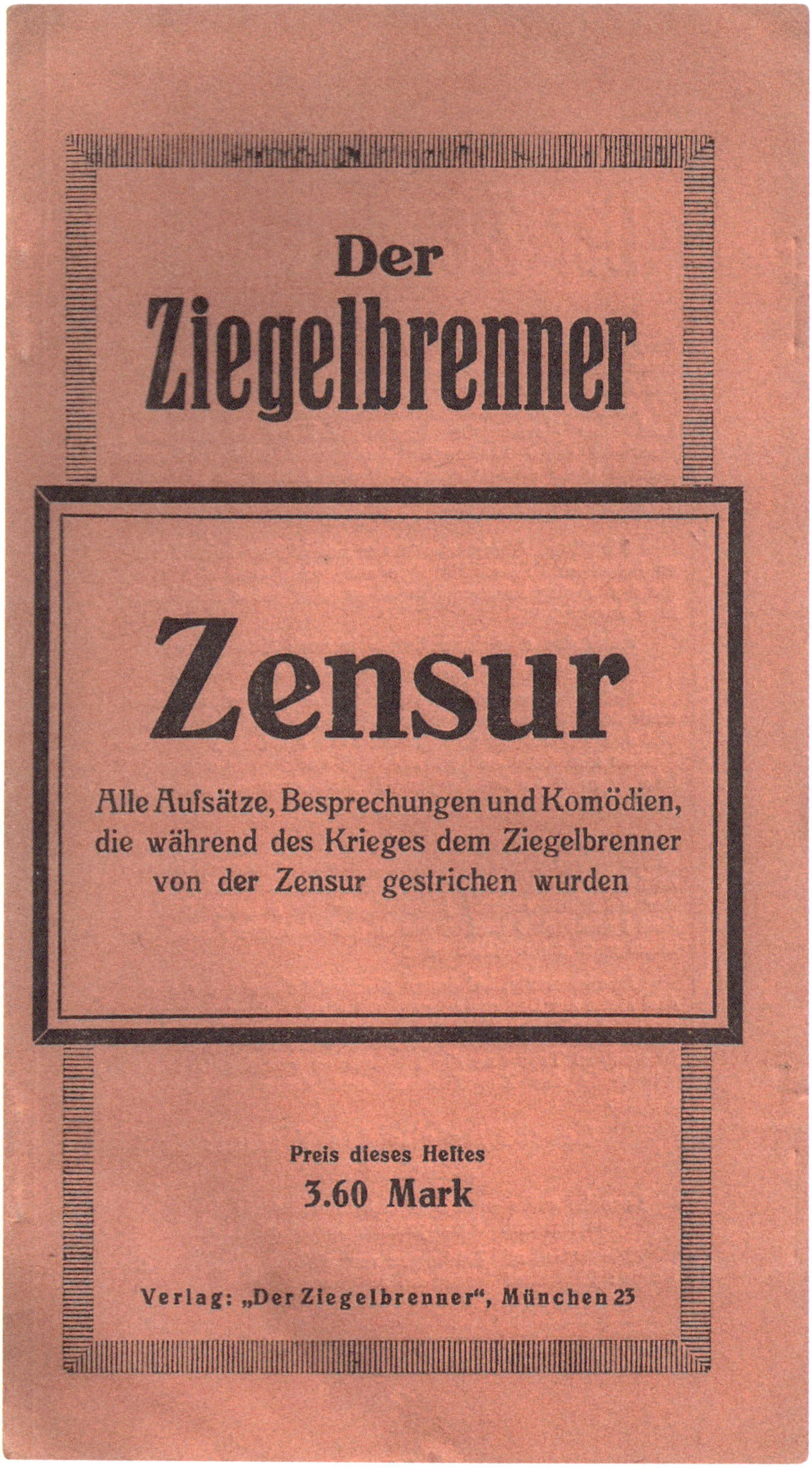

Der
Ziegelbrenner
Zensur
Alle Aufsätze, Besprechungen und Komödien, die während des Krieges dem Ziegelbrenner von der Zensur gestrichen wurden
Preis dieses Heftes
3.60 Mark
Verlag: „Der Ziegelbrenner", München 23

51. | Ret Marut: Der Ziegelbrenner. 3. Jahr. Heft 9-14. 15. Januar 1919. München 1919.

52. | Ret Marut: Der Ziegelbrenner. 3. Jahr. Heft 18/19. 3. Dezember 1919. München 1919.